FELIX Neu

Arbeitsheft 1

C.C. Buchner

Unterrichtswerk für Latein

Herausgegeben von
Clement Utz und Andrea Kammerer.

Das Arbeitsheft 1 wurde erarbeitet von
Katharina Börner, Reinhard Heydenreich
und Michael Lobe.

Über weiteres fakultatives Begleitmaterial zu FELIX Neu informiert Sie
C.C. Buchners Verlag · Postfach 1269 · D 96003 Bamberg.

BAMBERGER WORTSCHATZ

1. Auflage 1 4 3 2 2012 11 10
Die letzte Zahl bedeutet das Jahr dieses Drucks.

Alle Drucke dieser Auflage sind, weil untereinander unverändert, nebeneinander benutzbar.

Dieses Werk folgt der reformierten Rechtschreibung und Zeichensetzung.
Ausnahmen bilden Texte, bei denen künstlerische, philologische oder lizenzrechtliche Gründe einer Änderung entgegenstehen.

www.ccbuchner.de

Satz und Gestaltung: Artbox Grafik und Satz GmbH, Bremen
Druck und Bindung: creo Druck & Medienservice GmbH, Bamberg

ISBN 978-3-7661-**7562**-5

Liebe Schülerinnen und Schüler!

FELIX hat euch für eure lange, aber interessante Reise einen zusätzlichen Reiseproviant, ein „Pausenbrot“, vorbereitet.
Ihr holt diese Übungen bei Verschnaufpausen aus eurem Rucksack oder eurer Reisetasche, um euch zu stärken.
Damit euch diese Stärkung sicherer im Umgang mit der lateinischen Sprache macht, findet ihr einerseits bekannte Kostproben mit geringfügigen Änderungen, andererseits einige neue Übungsformen und auch verschiedene Übersetzungsübungen.
Ihr sollt vor diesem Appetithappen keine Angst haben, denn ihr wisst im Voraus, dass er schmecken wird. Und wenn ihr erst auf den richtigen Geschmack gekommen seid, dann werdet ihr immer neue Übungen ausprobieren.
Damit Magen und Gehirn nicht zu sehr belastet werden, müsst ihr natürlich nicht alle Übungen hinunterschlucken und schon gar nicht auf einmal. Ihr wisst doch, täglich mehrere kleine Mahlzeiten sind bekömmlicher als wenige deftige:
Pro Woche einige Übungen – und ihr werdet fit bleiben.

Also macht mal Pause und stärkt euch!

Die meisten Übungen könnt ihr in diesem Heft anfertigen, für Übersetzungen legt ihr euch ein eigenes Heft an.
Die Lösungen, die im hinteren Teil des Heftes beigefügt sind, gebt ihr am besten eurer Mutter oder eurem Vater zur Aufbewahrung. Sie können dann überprüfen, in welch guter Verfassung ihr seid.

1. Benenne die mit einem Pfeil markierten Gebäude mit einem lateinischen Substantiv:

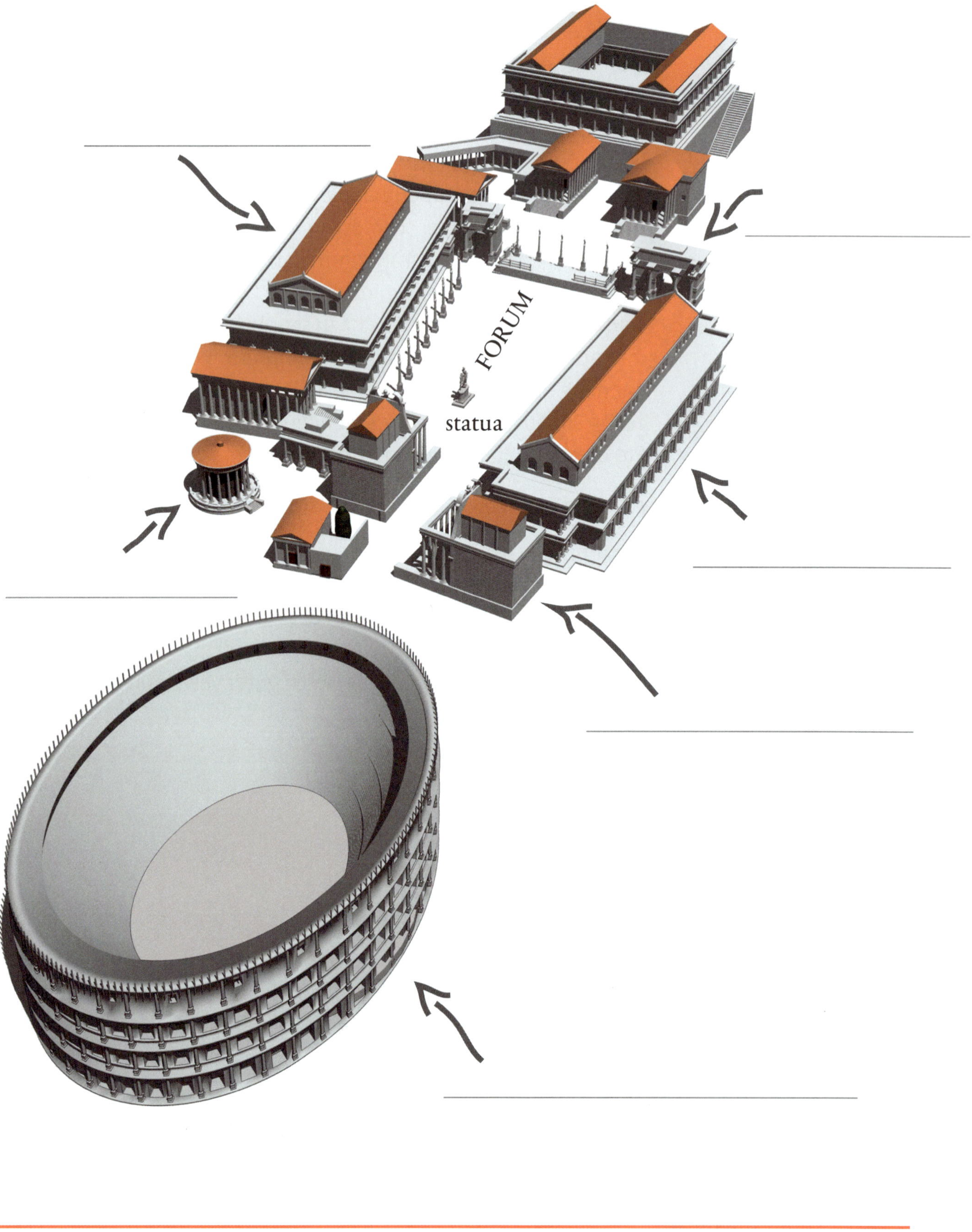

2. Benenne die Mitglieder der großen Hausgemeinschaft des Quintus und der Cynthia mit lateinischen Substantiven:

Barbara ______ Lydia ______

______ ______

Syrus ______

______ ______ ______

3. Du hast jetzt schon eine Reihe lateinischer Substantive (Hauptwörter) kennengelernt. Ordne sie nach ihrer Endung in die folgende Tabelle ein. Die Anfangsbuchstaben helfen dir dabei:

-a *f*	deutsch	-us *m*	deutsch	-um *n*	deutsch
d		d		f	
f		f		m	
s		s		t	
s					
b					

Stelle fest, ob das Geschlecht im Lateinischen mit dem im Deutschen übereinstimmt.

1. Bestimme die lateinischen Substantive nach Numerus und Genus:

	Numerus	Genus		Numerus	Genus
portae			monumenta		
amici			templum		
amica			statua		
templa			amicae		
forum			servi		

2. Welches Subjekt passt zu welchem Prädikat? Verbinde mit Linien.
Es sind meist drei Lösungen möglich:

a) filius et filia	interrogat
b) porta	gaudent
c) servus	properant
d) amicae	adest
e) amica et amicus	patet
f) amica	salutant
g) domini et dominae	gaudet
h) dominus	

Nominativ Plural (a-/o-Deklination) – 3. Person Präsens (a-/e-Konjugation) –
Subjekt und Prädikat

3. Übersetze und achte genau auf Singular und Plural:

a) Hier ist ein Denkmal, dort ist eine Statue.

b) Hier ist eine Markthalle, dort ist ein Tempel.

c) Die Tore stehen offen.

d) Julia ist schon da.

e) Auch die Freundin ist schon da.

f) Julia freut sich und fragt: „Wo sind die Freunde?“

4. Fachsprache

FELIX und du, ihr seid schon gebildet, denn ihr beherrscht die Fachsprache der Gelehrten. Ordne also zu:

1. Plural
2. Prädikat
3. Nominativ
4. Präsens
5. Deklination
6. Subjekt
7. Neutrum
8. Genus
9. Konjugation
10. Substantiv
11. Indikativ
12. Singular

l) Gegenwart
c) Wirklichkeitsform
f) Hauptwort
h) 1. Fall
a) Satzgegenstand
i) Beugung eines Hauptwortes
d) Einzahl
e) Satzaussage
b) Beugung eines Verbums
k) sächlich
g) (grammatisches) Geschlecht
j) Mehrzahl

1. Schreibe aus 3 L alle Verbformen heraus (außer **salve!** – **salvete!** – (**ad**)**est** – (**ad**)**sunt**) und sortiere sie nach:

a-Konjugation	**e-Konjugation**	**konsonantische Konjugation**

2. Wortstamm und Endung
Füge bei den folgenden Verbformen nach dem Wortstamm eine Schnittlinie ein:

acced/it tacent mittunt stat ridet clamant

Nominativ (3. Deklination) – 3. Person Präsens (konsonantische Konjugation) – Subjekt im Prädikat

3. Unterstreiche die Wörter, die durch sed einen Gegensatz bilden, und übersetze die Sätze:

a) Senator non intrat, sed paulum exspectat. ____________________

b) Non mercator adest, sed senator. ____________________

c) Mercatores non cessant, sed laborant. ____________________

4. Sammle alle Wörter, mit denen du im Lateinischen

a) eine Frage stellen kannst: ____________________

b) Ortsangaben ausdrücken kannst: ____________________

c) eine genaue oder ungefähre Angabe über einen Zeitpunkt oder eine Zeitdauer

mitteilen kannst: ____________________

5. Übersetze und setze dann alle Wörter, die man konjugieren oder deklinieren kann, im Lateinischen in den Plural:

a) Dominus iam adest. ____________________

Plural: ____________________

b) Senator paulum exspectat. ____________________

Plural: ____________________

c) Porta nondum patet. ____________________

Plural: ____________________

d) Nunc amicus accedit. ____________________

Plural: ____________________

e) Prope mercator laborat. ____________________

Plural: ____________________

1. Bilde den Imperativ im Singular und Plural zu:

a) accedit: ______________________ b) tacet: ______________________

c) vocat: ______________________ d) mittit: ______________________

2. Verwandle die Aussagesätze in Befehlssätze und übersetze diese,
z. B. Amica accedit. Accede, amica! – Komm herbei, Freundin!

a) Domina intrat. ______________________

b) Mercator paulum exspectat. ______________________

c) Domini ornamenta emunt. ______________________

d) Dominae gaudent. ______________________

e) Mercator tacet et laborat. ______________________

3. Zwischen basilica und curia. Übersetze:

a) Mercatores iam adsunt. Populus properat, nam mercatores vocant et clamant: „Accedite, domini, videte, dominae!“

b) Statim Cornelius accedit et vocat: „Accede, Corinna! Vide! Ornamenta mihi (mir) placent.“

c) Sed Corinna non gaudet et tacet: „Ornamenta mihi (mir) non placent.“

d) Dort ist die Kurie. Die Senatoren treten nicht ein, sondern zögern und warten ein wenig. Denn der Kaufmann Alfius ruft: „Senatoren, kommt herbei, seht und kauft, kauft und freut euch!“

e) (Nun drängt der Konsul zur Senatssitzung:)
„Senatoren, beeilt euch, kommt endlich herbei und tretet ein! Schweigt jetzt, arbeitet dann!“

4. An den drei Ständen werden Substantive im Neutrum Plural, Substantive im Vokativ und Verbformen im Imperativ verkauft. Sortiere die folgenden Wortformen in die Verkaufsstände ein:

exspectate – voca – intra – amica – tacete – serve – templa – serva – fora – domina – gaude – vide – clama – amici – mitte – ornamenta – eme – domine – monumenta – domini

1. Bilde den Akkusativ Singular und Plural zu folgenden Wörtern und schreibe die Formen in die richtige Spalte:

amicus – porta – arbor – populus – mercator – equus – verbum – templum – statua – senator – ornamentum – turba

	a-Dekl.	o-Dekl. *m*	o-Dekl. *n*	3. Dekl.
Akk. Singular				
Akk. Plural				
Akk. Singular				
Akk. Plural				
Akk. Singular				
Akk. Plural				

2. Setze alle Wörter in den Plural und übersetze dann die Sätze:

a) Senator servum vocat: ______________________

____

b) „Accede, serve!" ______________________

____

c) Mercator clamat. ______________________

____

d) Domina mercatorem quaerit. ______________________

____

____

3. Ergänze die richtigen Endungen. Beachte die verschiedenen Möglichkeiten bei Genus und Numerus. Entscheide dich für eine Lösung:

a) Mercator forum pet______.

b) Mercatores domin______ voca______.

c) Puell______ equ______ vide______.

d) Serv______ equum retine______.

e) Domin______ et senator______ curi______ petunt.

f) Servi mercator______ saluta______.

4. Übersetzungstest

a) Hier ist ein Tempel. Dort kommen Damen und Herren, Senatoren und Händler herbei. Sie zögern nicht, sondern betreten sofort den Tempel.

b) Intus statuas spectant. Subito clamor dominas et dominos, senatores et mercatores sollicitat. Quid est? Serva puellam retinet. Puella equum tangit, nam equos non timet. Sed equus puellam violat.

5. Der Wortschatztest: Die Anfangsbuchstaben der gesuchten Wörter ergeben – in die richtige Reihenfolge gebracht – ein ganz „besonderes“ lateinisches Adverb:

Vermögen ______________________

es beunruhigt ______________________

inzwischen ______________________

es liegt ______________________

sie tritt ein ______________________

er schickt ______________________

Denkmal ______________________

sie halten zurück ______________________

Anfangsbuchstaben:

Lösungswort:

1. Bilde mit den vorgegebenen Wörtern im Singular und Plural jeweils acht Sätze, indem du die Substantive zu Subjekten und Objekten machst:

A dominus / filia / videt	**B** mercator / domina / quaerit	**C** mercator / senator / videt
1 Dominus filiam videt.	1 Mercator	1
2 Dominus filias	2 Mercator	2
3 Domini	3 Mercatores	3
4 Domini filias	4 Mercatores	4
5 Filia	5 Domina	5
6 Filia dominos	6 Domina	6
7 Filiae	7 Dominae	7
8 Filiae dominos	8 Dominae	8

2. Setze die eingeklammerten Substantive in den Akkusativ und übersetze:

a) Amici (porta) ______________ quaerunt. Die Freunde suchen ______________.

(tabernae) ______________ ______________.

(templum) ______________ ______________.

b) Amici (mercator) ______ interrogant. Die Freunde fragen ______.

(amica) ______ ______.

(servi) ______ ______.

c) Amici non (arbores) ______, sed (equi) ______ vident.

(templa) ______, (puellae) ______

(statuae) ______, (filiae) ______

Die Freunde sehen nicht die ______, sondern die ______.

______, ______.

______, ______.

3. Welche Übersetzung ist die richtige? Kreuze an.
Unterstreiche die jeweiligen Fehler in den anderen Sätzen rot und bestimme sie (z. B. N für einen Numerus-Fehler):

a) Das Mädchen betrachtet die Pferde lange, denn es liebt Pferde.
1. Puella equos diu spectant, nam equos amat. ○
2. Puellae equos diu spectat, nam equos amant. ○
3. Puella equos diu spectat, nam equos amat. ○

b) Warum berühren die Mädchen die Pferde nicht?
1. Cur puellae equum non tangunt? ○
2. Cur puellae equos non tangunt? ○
3. Cur puellae equos non tangit? ○

4. Lies im Begleitband 5 M auf S. 23 und wiederhole die Abfragetechnik an den folgenden Sätzen:

a) Cur turba forum petit?
b) Ibi mercatores dominos sollicitant.
c) Interea dominae ornamenta spectant.
d) Senatores clamorem non iam sustinent.

1. Bilde zu den folgenden Substantiven den Ablativ Singular und Plural:

	Ablativ Singular	**Ablativ Plural**
consilium		
umerus		
turba		
populus		
via		
negotium		

2. Sammle alle lateinischen Substantive der 3. Deklination, die du bisher gelernt hast, und bilde dazu Nom. Pl., Akk. Sg. und Pl. und Abl. Sg. und Pl.:

	Nominativ		**Akkusativ**		**Ablativ**	
	Sg.	Pl.	Sg.	Pl.	Sg.	Pl.
m						
s						
c						
l						
a						
t						

3. Übersetze:

Titus senator e taberna ad curiam properat. Adhuc ridet et clamat. Intus senatores consilia habent. Clamor senatores sollicitat. Clamorem non iam sustinent. Tandem Aulus senator vocat: „Tite, accede et intra sine clamore, tace et consilia proba!“

4. Ergänze den Präpositionalausdruck im richtigen Kasus und verbinde die Sätze durch Linien mit den Abbildungen:

a) Claudia cum (amica) ad (forum) descendit.

____

b) Puellae ad (equi) accedunt.

____

c) Amica in (equus) sedet.

____

d) Nunc amica de (equus) descendit.

____

e) Amica in (via) iacet.

____

5. Übersetze:

a) auf dem Baum ______________________________

b) auf der Schulter ______________________________

c) ohne Plan ______________________________

d) mit den Händlern ______________________________

e) von den Bäumen herab ______________________________

f) ohne Geschrei ______________________________

g) aus dem Tempel ______________________________

h) auf den Straßen ______________________________

1. Lies die folgenden Verben laut und achte darauf, ob das -e- im Infinitiv zum Wortstamm gehört oder ein Bindevokal ist, der kurz gesprochen wird:

a) retinere – studere – parere – monere – timere
b) reprehendere – descendere – deponere – poscere – quiescere
c) accedere – debere – componere – ridere – tangere – dimittere – prohibere – sedere

2. Fülle die Tabelle nach dem vorgegebenen Muster aus.

Verbform	Infinitiv Präsens	Übersetzungs-möglichkeiten	Stamm	Konjugations-klasse
laborat	laborare	arbeiten, sich anstrengen	labora-	a-Konjugation
timent				
poscit				
servat				
accedunt				
clamant				
tangunt				
gaudet				

3. Übersetze:

Die Herrin eilt zum Forum (sucht das Forum auf). Sie will ein Schmuckstück kaufen (erwerben). Die Herrin sucht den Händler. Deshalb fragt sie: „Wo ist der Händler?" Jetzt zögert sie nicht mehr, den Händler zu rufen. Plötzlich kommt der Herr herbei. Er hält die Dame nicht davon° ab, Schmuckstücke zu kaufen.

4. Füge aus 7L Ablative des Mittels und des Grundes und Präpositionalausdrücke mit Ablativ ein und übersetze die Sätze:

Ablativ des Mittels und des Grundes:

a) a ______ et a ______ alliciunt (sie locken an)

______

b) v ______ salutant ______

c) v ______ gaudet ______

d) c ______ sollicitat ______

e) v ______ monet ______

f) v ______ et a ______ gaudet ______

Präpositionalausdrücke mit Ablativ:

a) Vibidia Vestalis ______ accedit.

______

b) (Vibidia Vestalis) ______ esse debet.

______

c) (Vibidia Vestalis) flammas ______ servat.

______

d) Vibidia Vestalis servum ______ liberat.

______

e) (Servus) gaudet et ______ domum properat.

______

f) Vesta dea servos ______ servat. ______

1. FELIX jongliert 18 Verbformen.
Nimm sie ihm in der unten vorgegebenen Reihenfolge aus der Hand:

a) a-Konjugation: 1. Pers. usw.:

b) e-Konjugation: 1. Pers. usw.:

c) kons. Konjugation: 1. Pers. usw. :

2. Formenstaffel für „Einzelkämpfer"!

quaero	→ 3. Pers.	→ Pl.	→ 1. Pers.	→ 2. Pers.	→ Sg.
clamat	→ Pl.	→ 2. Pers.	→ Sg.	→ 1. Pers.	→ Pl.
debemus	→ Sg.	→ 3. Pers.	→ Pl.	→ 2. Pers.	→ Sg.

3. Setze alle Substantive und Verben in den Singular bzw. Plural; übersetze dann:

a) ornamentum emo → ______________________

b) in templis estis → ______________________

c) pretium quaeris → ______________________

d) monumenta spectamus → ______________________

e) in taberna sum → ______________________

f) amicum monet → ______________________

g) servos vocatis → ______________________

h) amici adsunt → ______________________

i) auxiliis gaudetis → ______________________

4. Übersetzungstest:
Lies zunächst auf den Seiten 28 und 30 im Begleitband jeweils den „Kontext" und übersetze dann die beiden folgenden Geschichten.

a) Eine Überraschung:
Die Freunde haben vor, die Freundin durch Geschenke zu erfreuen. Sie suchen den Händler Aulus: „Wo arbeitet Aulus?" Schließlich fragen sie den Händler nach dem Preis. Die Freunde erwerben Schmuckstücke.

b) Die Kette (catena):
Corinna ad mercatorem accedit: „Salve, Tite! Catenam emere paro. Pecuniam enim habeo. De pretio agere non dubito. Cur ornamenta componis?"
Titus: „Ornamenta compono, quia catenam desidero. De pretio non ago, quia catenam non iam habeo."

1. Sammle alle Verben der ī-Konjugation, die du in 9 L gelernt hast, und bilde dazu die 1. Pers. Sg. und die 3. Pers. Pl.:

Infinitiv	**1. Pers. Sg.**	**3. Pers. Pl.**
a		
s		
s		
v		

2. Konjugiere lateinisch (schriftlich) und deutsch (mündlich):

	audire et videre	reprehendere et monere	petere et dare
1. Pers. Sg.			
2. Pers. Sg.			
3. Pers. Sg.			
1. Pers. Pl.			
2. Pers. Pl.			
3. Pers. Pl.			

3. Dringende Geschäfte

Marcus et Claudia clamorem audiunt. Itaque Xanthippum servum vocant: „Xanthippe, in Suburam descendimus, Suburam spectamus. Timorem depone, nam et viam et pericula scimus.“
Dum Marcus et Claudia rident et clamant, Xanthippus paulum dubitat et tacet. Tum interrogat: „Quid in Subura quaeritis? Pecuniam non habetis. Claudia, quid in Subura appetis? Marce, cur in Suburam descendis? Nonne pericula sentitis?“
Claudia: „Ego donum quaero, nam amicam dono delecto.“
Marcus: „Ego amicos peto. Amici pecuniam habent, quia in tabernis laborant.“

4. Verben im Weinkeller

Staple die folgenden Weinkisten in die Weinregale. Aufgepasst! Ganz unten liegt jeweils die Kiste mit der Aufschrift für die 3. Pers. Pl., z. B. **laborant**, darüber die Kiste mit der Aufschrift für die 2. Pers. Pl. usw.:

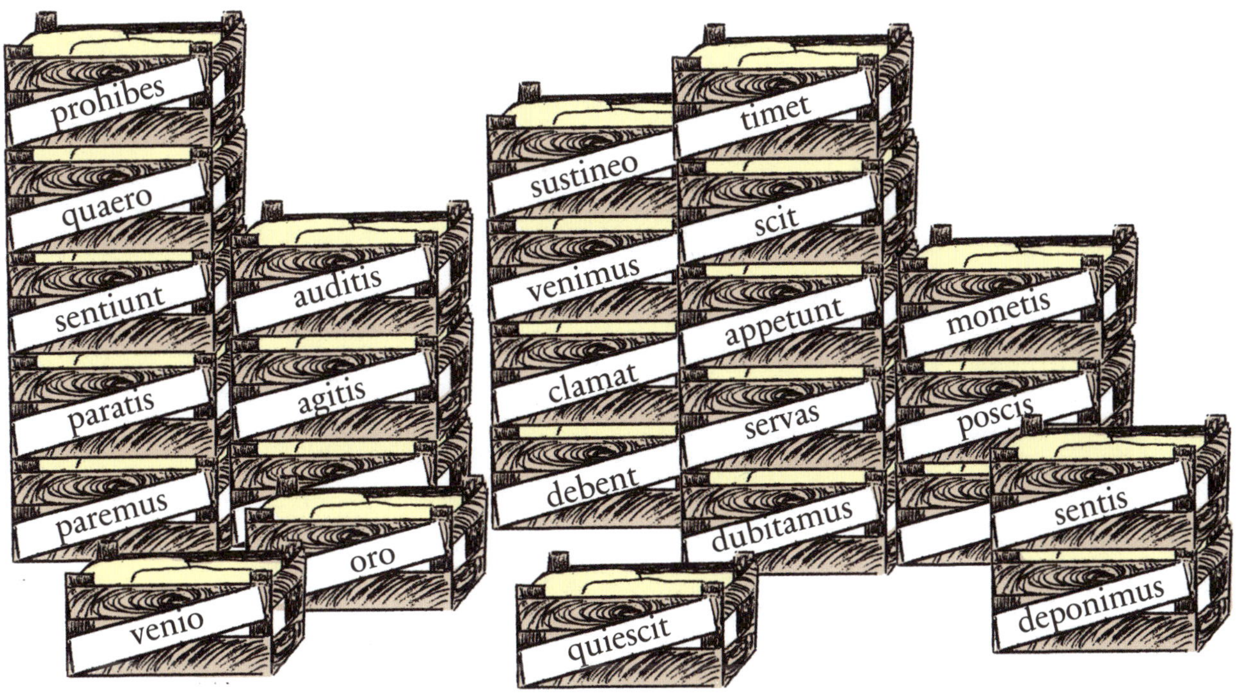

1. Bilde den Dativ Sg. und Pl. zu:

	Dativ Sg.	Dativ Pl.		Dativ Sg.	Dativ Pl.
comes			arbor		
femina			vox		
verbum			senex		
amicus			custos		

2. Bestimme die Substantivformen (Kasus und Numerus) in den Sätzen a) bis f) und übersetze anschließend:

a) Filiae statuae placent. filiae | Dat. | Sg. | statuae | | |

b) Puellae dominae parent. puellae | | | dominae | | |

c) Amicae filio et filiae dona dant. amicae | | | filio | | |
filiae | | | dona | | |

d) Filia dono non gaudet. filia | | | dono | | |

e) Ornamenta puellae non placent. ornamenta | | | puellae | | |

f) Puella cum amica in via ludit (spielt). puella | | | amica | | | via | | |

3. Die Numerusmaschine:
Schiebe alle Wörter durch die Numerusmaschine. Unten kommen alle Singularformen im Plural und alle Pluralformen im Singular heraus. Übersetze sie vor und nach der Umformung:

Übersetzung

a) Vocem audio. ______________________

a) Voc______________________ ______________________

b) Senex adest. ______________________

b) Sen______________________ ______________________

c) Nonne periculum sentis? ______________________

c) Nonne______________________ ______________________

d) Dominus filio monumentum ostendit. ______________________

d) ______________________ ______________________

e) In templum venio.

e) In______________________ ______________________

4. Ein stolzer Römer erzählt.
Unterstreiche zunächst alle Dativobjekte und übersetze dann:

a) Wir lieben das Kapitol. Wir bauen den Göttern Tempel. In den Tempeln verehren wir die Götter. Die Römer schenken den Göttern Statuen und Bildnisse. Die Götter versprechen den Römern Hilfe.

b) Dei comites sunt. Itaque comitibus gratias agimus.

1. Balbus hat nichts zu lachen.
Setze die entsprechende Form des Personalpronomens ein:

ego – ego – me – me – mihi – mecum – nobiscum – nos – nobis – te – tibi – tu – vos – vos

a) Xanthippus in culina (Küche) est, nunc Syrus accedit: b) „A, hic ______ invenio.

c) Veni ______! d) ______ cibos paro, ______ ades.“

e) Sed Xanthippus: „Cur ______ adesse debeo?

f) Audi! Dominus ______ vocat.“ g) Dum Xanthippus discedit, Syrus clamat:

h) „Balbe, Flave! Adeste ______! i) Ubi ______ estis ?

j) A, hic ______ invenio.“ k) Balbus: „Syre, veni ______!

l) Non dominus, sed Xanthippus ______ semper reprehendit.

m) ______ ridere non oportet.“

2. Worüber freust du dich, was kritisierst du? Wähle aus und formuliere mindestens sechs Sätze. Verwende auch et ... et, neque ... neque, non modo ... sed etiam.

a) Ego gaudeo (donum, ornamentum, pecunia, aurum, argentum, auxilium, cibus), et tu?

1. ______.

2. ______.

3. ______.

b) Ego reprehendo (clamor, labor, iniuria, furtum, periculum, sceleratus), et vos?

1. ______.

2. ______.

3. ______.

3. Ergänze die folgende Tabelle:

Substantivform	Stamm	Nom. Sg.	Genus	eine deutsche Bedeutung
plebem				
furibus				
labores				
puellas				
auro				
senem				
arboribus				
pericula				
voce				

4. Stress vor der Einladung
Übersetze:

Die unterstrichenen Personalpronomina im Nominativ musst du hier auch übersetzen.

a) Syra betritt das Haus und fragt: „Wo bist du, Corinna? Die Herrin sucht dich und ruft dich. Beeile dich, Corinna!"
Corinna: „Ich bin schon da. Syra, komm mit mir!"
Syra: „Ich komme nicht mit dir. Hörst du denn die Stimme nicht? Die Herrin ruft uns."
Corinna: „Ich habe Angst vor der Herrin. (Ich fürchte die H.) Sie kritisiert mich immer."
Syra: „Du musst gehorchen. Der Herr und die Herrin erwarten Gäste."

b) Corinna: „Ades mihi, quaeso! Auxilium mihi promitte! Tibi gratias ago. Nunc tecum in culinam (Küche) propero. Cibos paramus. Et dominam et dominum et hospites cibis delectamus." Domina: „Corinna, Syra! Ubi estis? Hospites mox adsunt. Mihi adesse debetis. Properate!" Hospites in umbra esse desiderant. Solem non sustinent. Aquam et vinum appetunt. Itaque portate vasa!"

1. In jeder Zeile kann eine Form nicht von einem Substantiv stammen. Unterstreiche diese Form und schreibe hinter jede Substantivform den Kasus und den Numerus:

labores	laboribus	laboro	labore	labori
donis	donum	dono	dona	donas
voces	vocibus	voca	vocem	voce
clamore	clamare	clamorem	clamori	clamores
portae	portis	portam	portas	portat
pello	pes	populo	plebe	pedem

2. Unterstreiche die Satzglieder: Subjekt = rot / Objekt = grün / Adverbiale (Präp. m. Akk.) = blau / Adverbiale (Präp. m. Abl.) = gelb / Adverbiale (Adverb) = schwarz / Prädikat = braun

a) Ibi domina cum amicis ad templa descendit.

b) Procul servi frumentum ad forum portant.

c) In foris mercatores cum dominis de pretio agunt.

d) Subito dominae furem in via vident.

e) Fur ornamenta deponit; mercatores furem pellunt, sed dominae furi veniam dant.

In jeder Übersetzung dieser Sätze steckt ein Fehler. Unterstreiche und verbessere ihn:

a) Dort steigt eine Dame mit ihren Freundinnen zum Tempel hinab.

b) In der Ferne tragen Sklaven Getreide zu den Marktplätzen.

c) Auf den Marktplätzen verhandeln die Kaufleute mit den Damen über die Preise.

d) Sofort sehen die Damen einen Dieb auf der Straße.

e) Der Dieb legt die Schmuckstücke nieder; die Händler ergreifen den Dieb, aber die Damen verzeihen dem Dieb.

3. Versehentlich am Computer die „Entfernen"-Taste gedrückt!
Welche Buchstaben kannst du jeweils ergänzen, damit du 22 lateinische Wörter mit verschiedenen Bedeutungen erhältst? Du darfst in jedem Kästchen nur einen Buchstaben einsetzen:

a) ■UM (4) ______ ______ ______ ______

b) PAR■S (2) ______ ______

c) DON■S (2) ______ ______

d) ■GO (2) ______ ______

e) ■BI (2) ______ ______

f) ■MO (2) ______ ______

g) QUI■ (3) ______ ______ ______

h) ■UR (2) ______ ______

i) ■■DO (3) ______ ______ ______

4. Alle wollen nach Hause

a) Sextus: „Ego nunc templum intro. Quid vos agitis?" b) Claudia : „Ego nunc domum properare et cenam parare debeo. Nam amicam exspecto." c) Paulina: „Si tu domum properas, Claudia, ego tecum domum propero. Nam turbam non iam sustineo." d) Marcus: „Ego vos non retineo. Vos recte et bene agitis. Nunc mullos emo et tecum, Claudia, cenam paro."

1. Substantive im Weinkeller
Staple die folgenden Weinkisten in die Weinregale. Aufgepasst! Ganz unten liegt die Kiste mit der Aufschrift „Abl. Pl.“:

REGALE FÜR WEINE DER

Kasus	a-Deklination	o-Deklination *m*	o-Deklination *n*	3. Deklination
Nom. Sg.				
Gen. Sg.				
Dat. Sg.				
Akk. Sg.				
Abl. Sg.				
Nom. Pl.				
Gen. Pl.				
Dat. Pl.				
Akk. Pl.				
Abl. Pl.				

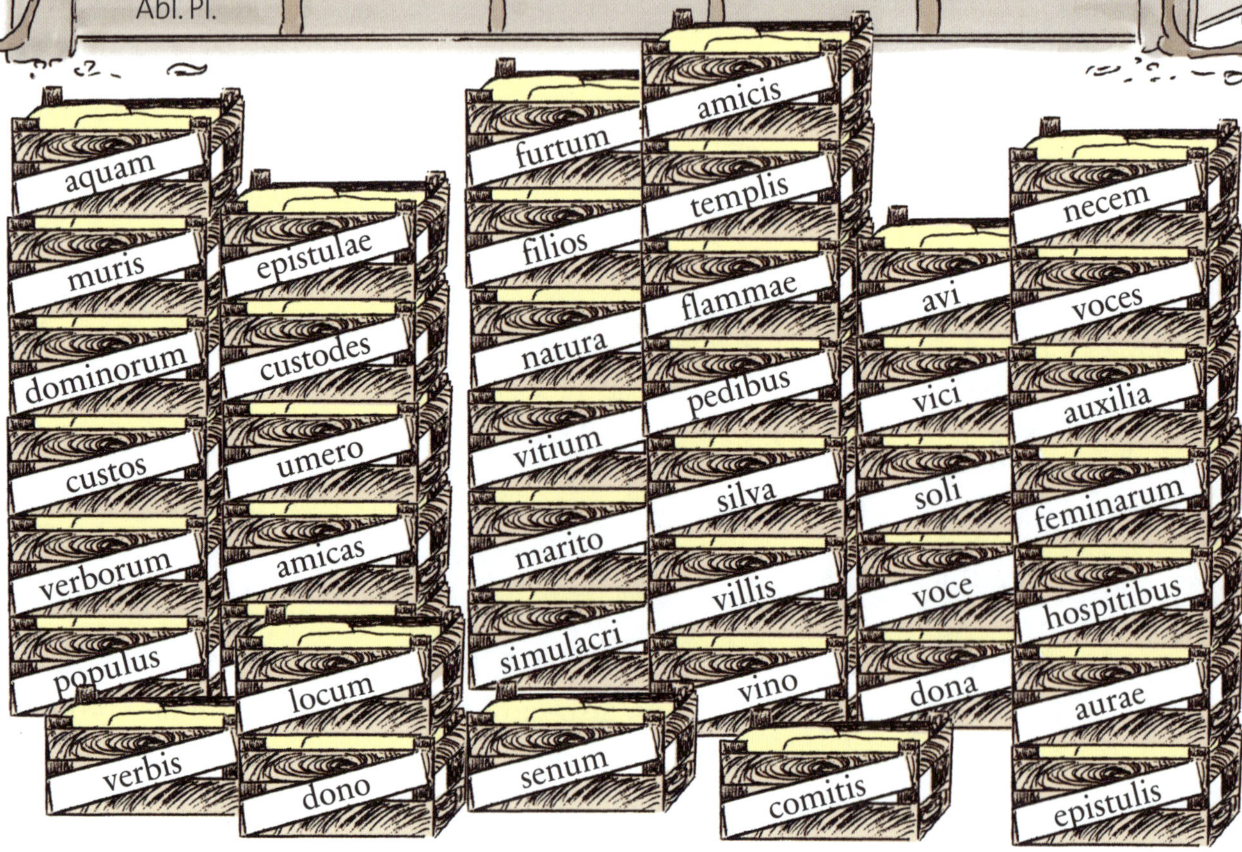

2. Bilde den Genitiv Sg. und Pl. zu:

a) epistula ______ ______

b) vicus ______ ______

c) pes ______ ______

d) hospes ______ ______

e) vitium ______ ______

f) vox ______ ______

3. Bilde Sätze nach dem vorgegebenen Muster und übersetze sie:

Subjekt	Genitivattribut	Akkusativobjekt	Genitivattribut	Prädikat
a) clamor Sg.	mercator Pl.	senator Pl.		non sollicitare
b) puella Pl.		umbra Sg.	arbor Pl.	desiderare
c) populus Sg.		templum Pl.	deus Pl.	spectare
d) epistula Sg.	amica Sg.	puella Sg.		delectare
e) dominus Sg.		vitium Pl.	servus Pl.	reprehendere

1. Bilde den Nominativ Singular zu:

a) domini ______ b) urbium ______ c) pueri ______

d) agri ______ e) senum ______ f) montem ______

g) fontium ______ h) familiarium ______ i) vocis ______

j) vini ______ k) viri ______ l) ministri ______

2. Ersetze debere durch posse, videre durch audire und invenire durch quaerere:

	posse		audire		quaerere
debent		videt		invenio	
debes		vident		invenit	
debemus		video		invenimus	
debeo		videtis		inveniunt	

3. Ergänze die Endungen:

Avus puer______ exspecta______. Nox iam proced______,

sed puer______ nondum adsunt. Nox et tenebrae et avum et puer______

sollicita______; liber______, ut avus sci______, tenebr______ timent.

Nunc avus pueros quaer______, sed puer______ non inven______.

Tandem puer______ e tenebr______ procedunt. Timor______ non

depon______. Avus puer______ non reprehend______,

sed gaude______, quia puer______ tandem adsunt.

4. Mache in jedem Satz das Subjekt zum Objekt und umgekehrt und übersetze die neu entstandenen Sätze:

a) Puellae pueros arcessunt. → ____________________

____

b) Mercatores virum vocant. → ____________________

____

c) Liberi seni adsunt. → ____________________

____

d) Viri feminis veniam dant. → ____________________

____

5. Übersetze:

a) Dominus in villa laborat. b) Nunc ministros et servos arcessit. c) Seleucus servus ad dominum accedit. d) Domino auxilium servorum promittit. e) Itaque dominus servos in agros silvasque mittit. f) Dominus servis cessare non permittit. g) Seleucus servus bene laborat. h) Denique dominus Seleucum servum dimittit: „Gratias tibi ago, Seleuce. Te dimitto. Nunc servus non iam es." i) Servus item domino gratias agit et discedit.

6. Übersetze:

a) Heute müssen die Mädchen und Jungen im Haus arbeiten. Sie fragen: „Warum müssen wir immer arbeiten?"
b) Sie können die Gefäße nicht finden. Sie fragen wiederum: „Wo sind die Gefäße? Wir können die Gefäße nicht finden."
c) Der Vater (pater) verlangt: „Kinder, ihr müsst die Gefäße suchen. Wir können das Wasser nicht ohne Gefäße tragen."

1. Passe die Adjektive an die Substantive an:

a) viae (antiquus) ______ b) pueros (laetus) ______

c) custodum (probus) ______ d) in arbore (pulcher) ______

e) laborem (durus) ______ f) senes (laetus) ______

g) mercatores (miser) ______ h) (medius) in urbe ______

i) (pauci) vitia ______ j) vir (probus) ______

2. Zu je drei Substantiven passt nur eine Adjektivform. Unterstreiche die richtige Adjektivform und schreibe hinter die anderen Formen als Fehlerkennzeichnung ein N (Numerus), G (Genus) und / oder K (Kasus):

montes, viri, liberi	– pauci ____	paucos ____	paucas ____
cum comitibus, cum pueris, cum senibus	– laetos ____	laeto ____	laetis ____
in urbe, in villa, in via	– antiquo ____	antiqua ____	antiquis ____

3. Ein kniffliges Puzzle. Stelle sinnvolle Sätze zusammen, indem du aus jeder Spalte jeweils ein Wort verwendest:

labores	serva	monumenta	domini	liberis	ostendit
servus	viri	fabulas	antiqua	amicae	debent
nonnulli	laeta	nonnullorum	varias	laborare	narrat
puella	probus	in via	servorum	in agros	non placent
Barbara	duri	equos	antiqua	liberis	ducit

a) ______.

b) ______.

c) ______.

d) ______.

e) ______.

4. Pingpong der Wörter

Nominativ – Genitiv – Dativ – Akkusativ – Ablativ
Bestimme genau den Ausgangskasus. Dabei kann es mehrere Möglichkeiten geben; entscheide dich für eine.
Rücke dann Kasus für Kasus weiter, z. B. (**amicus**) – **amici** – **amico**..., bis du wieder beim Ausgangskasus angelangt bist. Den Numerus musst du nicht ändern:

amicus laetus → ______________________

____

femina pulchra → ______________________

____

parvi tecti → ______________________

____

hospitem miserum → ______________________

____

(cum) senatore probo → ______________________

____

labores duros → ______________________

____

5. Übersetze und beachte, dass die jeweils fettgedruckten Wörter die Funktion des Prädikatsnomens haben:

a) Saepe servi etiam **fabri probi** sunt.
b) Marcellus faber **probus** est.
c) Multi homines **miseri** sunt.
d) Multi servi **homines miseri** sunt.
e) Urbs Roma **antiqua** est.
f) Roma **urbs pulchra** est.

1. Trage in die Tabelle je eine Verbform aus 15 L, Zeilen 1–10, ein und ergänze die übrigen Formen:

	1. Pers. Sg.	2. Pers. Sg.	3. Pers. Sg.
a-Konjug.			
e-Konjug.			
i-Konjug.			
kons. Konjug.			
kons. Konjug. mit i-Erweiterung			

	1. Pers. Pl.	2. Pers. Pl.	3. Pers. Pl.
a-Konjug.			orant
e-Konjug.			
i-Konjug.			
kons. Konjug.			
kons. Konjug. mit i-Erweiterung			

2. Formenkette:

Haud raro tacere debes, raro tacere vis, numquam tacere potes.

→ 3. Pers. Sg. ______________________________

→ 1. Pers. ______________________________

→ Pl. ______________________________

→ 2. Pers. ______________________________

3. Bestimme die Deklinationsklasse und das Genus und bilde Genitiv und Akkusativ Sg.:

condicionibus	3. Dekl.	*f*	condicionis	condicionem
crimina				
saxorum				
causis				
boves				
vulneri				
onus				
vitium				
munere				
plebi				

4. Ein Sklave spricht. Übersetze:

a) Wir ertragen die harten Arbeitsbedingungen (Bedingungen der Arbeit). b) Wir machen vieles; die Aufgaben sind vielfältig. c) Wir pflegen die Ochsen und tragen große Lasten. d) Corporibus nostris (Abl.: mit unseren) multos labores sustinemus. e) Malas condiciones laboris non timemus. f) Multa onera et munera suscipimus. g) Semper verbis dominorum paremus, semper probi sumus. h) Nunc boves et equos foras educere et aquam e fonte arcessere volumus.

1. Ein glücklicher Junge
Setze die folgenden Formen des Relativpronomens ein und übersetze dann:

quem – cuius – a quo – cui – qui

Puer,

a) ________ puellam videt, contentus est.

b) ________ auxilium petis, amicos exspectat.

c) ________ fabulae placent, gaudet.

d) ________ avus agros vastos possidet, ad fontem ludit.

e) ________ hic vides, ridet.

a) ____________________

b) ____________________

c) ____________________

d) ____________________

e) ____________________

Setze nun **puer** in den Plural. Welche weiteren Veränderungen ergeben sich dadurch? Unterstreiche diese Veränderungen.

a) ____________________

b) ____________________

c) ____________________

d) ____________________

e) ____________________

2. Wie du mir, so ich dir! Übersetze:

a) Ego tuo amico occurro, tu meo amico occurris.

b) Nos vestris amicis occurrimus, vos nostris amicis occurritis.

Bilde mit den folgenden Wendungen entsprechende Sätze und übersetze sie:

c) laborem laudare:

d) verba audire:

e) vulnus curare:

f) dono gaudere:

g) vitia reprehendere:

3. Die einen so, die anderen so! Übersetze:

a) Die einen führen ein armes und hartes Leben, die anderen führen ein fröhliches und zufriedenes Leben.
b) Die einen nehmen viele Lasten auf sich, die anderen ertragen niemals Anstrengungen.
c) Die einen kaufen und bewirtschaften Felder, die anderen verkaufen und verlassen ihre° Felder.

1. Konjugiere die Verben vocare, parere, venire, agere, cupere, posse und velle im Imperfekt:

	a-Konjug.	**e-Konjug.**	**ī-Konjug.**
1. Pers. Sg.	voca	pare	veni
2. Pers. Sg.			
3. Pers. Sg.			
1. Pers. Pl.			
2. Pers. Pl.			
3. Pers. Pl.			

	kons. Konjug.	**kons. Konjug. (i-Erweiterung)**	**posse**	**velle**
1. Pers. Sg.	ag	cup	pot	vol
2. Pers. Sg.				
3. Pers. Sg.				
1. Pers. Pl.				
2. Pers. Pl.				
3. Pers. Pl.				

2. Das Formentelefon
Bilde die Formen, die den folgenden „Telefonnummern" entsprechen, und übersetze sie:

1 ich	2 du	3 er / sie / es	4 wir	5 ihr	6 sie
1 salutare	2 videre	3 discedere	4 velle	5 audire	6 cupere
1 Präsens			2 Imperfekt		

252 ________________ → ________________

521 ________________ → ________________

432 ________________ → ________________

441 ________________ → ________________

612 ________________ → ________________

162 ________________ → ________________

3. Was auf dem Forum geschieht. Übersetze:

a) Senatores in curia multas horas consilia habebant, mercatores in foro negotia agebant.
b) Alii mercatores ornamenta componebant, alii vasa portabant.
c) Modo populus ad tabernas accedebat, modo e foro discedebat.
d) Saepe viri feminaeque cum mercatoribus de pretiis agebant.
e) Nonnulli liberi ridebant, clamabant, mercatores a labore retinebant.
f) Et mercatores et domini contenti erant: Mercatores bonis condicionibus gaudebant, voces mercatorum contentorum dominos delectabant.

1. Felix wirft „Präsens-Bälle" in die Luft. Als „Imperfekt-Bälle" kommen sie zurück. Notiere die Aufschriften der „Imperfekt-Bälle":

a) ______________________ f) ______________________

b) ______________________ g) ______________________

c) ______________________ h) ______________________

d) ______________________ i) ______________________

e) ______________________ j) ______________________

2. Lob und Tadel

Übersetze nur die Relativsätze. Beachte genau den Kasus des Relativpronomens.

a) **Laudo hominem,** ______________________ (den viele Freunde lieben).

______________________ (der einem alten Mann hilft).

______________________ (durch dessen Hilfe ein alter Mann ein zufriedenes Leben führt).

b) **Moneo amicam,** ______________ (die mir schlimme Vorwürfe macht).

______________ (deren Vorwürfe mich verletzen).

______________ (die meine schlechte Lage nicht beunruhigt).

Ersetze **hominem** und **amicam** durch die entsprechende Pluralform. Wie verändern sich dadurch die Relativsätze?

3. Um welche Satzart handelt es sich? Ordne durch Linien zu:

a) Aussagesatz	Dum Barbara fabulas narrat,
b) Fragesatz (Satzfrage)	Venite mecum!
c) Fragesatz (Wortfrage)	Nonne nobis vinum vendis?
d) Befehlssatz	Quintus vinum emit.
e) Gliedsatz	Ubi tandem est villa avi?

4. **Felix tibi „SMS“ mittit:**
Ein sehr schweres Rätsel, denn Felix gibt dir nur die Ziffer der Taste an und nicht, wie oft er auf diese Taste drückt. Eine Knobelübung, die du übrigens auch mit deinen Freunden probieren kannst – oder falls du dich auf einer Reise mit deinen Eltern auf dem Rücksitz im Auto langweilst:

a) 583483 – ______________ 63286 – ______________

b) 346 – ______________ 867 – ______________ 23 – ______________

366836 – ______________ 39773286 – ______________

c) 46 – ______________ 86272 – ______________

2726786 – ______________ 73336 – ______________

e) 776737283! – ______________

1. Konjugiere im Perfekt:

	v-Perfekt		**s-Perfekt**		
	vocare	delere	discedere	tegere	sentire
1. Pers. Sg.					
2. Pers. Sg.					
3. Pers. Sg.					
1. Pers. Pl.					
2. Pers. Pl.					
3. Pers. Pl.					

	u-Perfekt			
	monere	esse	posse	velle
1. Pers. Sg.				
2. Pers. Sg.				
3. Pers. Sg.				
1. Pers. Pl.				
2. Pers. Pl.				
3. Pers. Pl.				

2. Hokus-Pokus → Perfektbälle: Jetzt wirft FELIX wieder „Präsens-Bälle“ in die Luft. Diesmal kommen sie als „Perfekt-Bälle“ zurück. Notiere die Aufschriften der „Perfekt-Bälle“:

a) ______________________ f) ______________________

b) ______________________ g) ______________________

c) ______________________ h) ______________________

d) ______________________ i) ______________________

e) ______________________ j) ______________________

3. Augenzeugenbericht. Übersetze:

a) Ego cum amico in villa rustica avi fui.
b) Voces hominum audivimus, flammas in viis spectavimus.
c) Nonnulla tecta iam multas horas ardebant.
d) Flammae et cineres necaverunt multos homines, qui calamitatem effugere volebant.
e) Statim e villa discessimus et ad mare effugimus.
f) Paulo post flammae etiam villam nostram exstinxerunt.

1. Passe die Adjektive an die Substantive an und übersetze dann:

a) In viis __________ (angustus) feminas __________ (tristis), viros __________ (fortis), homines __________ (miser) cognovi.

____

____

b) Ibi etiam __________ (magnus) voces, suspiciones __________ (malus), crimina __________ (turpis) audivi.

____

____

c) Puellae __________ (fortis) et pueri __________ (fortis), __________ (omnis) liberi noctem __________ (ater) et pericula __________ (similis) timent.

____

____

2. Sammle alle zusammengesetzten Verben (Komposita) zu **cedere** (gehen, nachgeben) und **mittere**, die du bisher gelernt hast, bilde die 3. Pers. Sg. und übersetze diese Form:

	3. Pers. Sg.	**dt. Bed.**		**3. Pers. Sg.**	**dt. Bed.**
-cedere			-mittere		
-cedere			-mittere		
-cedere			-mittere		
-cedere					

3. Bestimme das Tempus der Verbformen und übersetze die Sätze:

a) Periculum iam adest. (= ______) ______

b) Vesuvius oppida delevit. (= ______) ______

c) Plinius naturam montis e loco opportuno spectabat. (= ______)

______

d) In periculo fuit. (= ______) ______

e) Comites navem parare iussit. (= ______)

______

f) Magnam classem regit. (= ______) ______

g) Cinis aedificia texit. (= ______) ______

h) In litore periculum nondum aderat. (= ______)

______

4. Relativpronomina am Fließband

quod → Abl. ______ → *f* ______ → Dat. ______ → Pl. ______

→ Nom. ______ → Sg. ______ → *m* ______ → Akk. ______

→ Pl. ______ → Gen. ______ → Sg. ______ → Dat. ______

→ Abl. ______ → Pl. ______ → Dat. ______ → *n* ______

→ Nom. ______ → Sg. ______

1. Wirf die Verben als „Infinitiv-Perfekt-Briefe“ in den richtigen Briefkasten:

audivisse		

2. Übersetze ins Lateinische:

	(am Morgen)	(am Abend)
Mercatores cupiunt	a) gute Geschäfte zu haben.	(gute Geschäfte) gehabt zu haben.
	b) viele Damen kennenzulernen.	(viele Damen) kennengelernt zu haben.
	c) alle Menschen zu erfreuen.	(alle Menschen) erfreut zu haben.
	d) viele Schmuckstücke zu verkaufen.	wenige Schmuckstücke zu besitzen.

3. Mache die kursivgedruckten Sätze als AcI abhängig und übersetze dann:

Magna calamitas multas villas delevit.

a) Mercatores clamant ______________________________

____

____

Cinis aedificia oppidi texit.

b) Mercator narrat ______________________________

____

____

Vesuvius mons tam saevus est.

c) Homines ignorabant ______________________________

____

____

Feminae et senes, pueri puellaeque clamabant.

d) Nuntii narrant ______________________________

____

____

Dei calamitate homines terrere voluerunt.

e) Tum multi existimabant ______________________________

____

____

1. Fülle die freien Felder mit je einem Verbum im Infinitiv Perfekt aus:

	v-Perfekt	u-Perfekt	s-Perfekt
a-Konjug.		/	/
e-Konjug.			
ī-Konjug.		/	
kons. Konjug.		/	
kons. Konjug. (i-Erweiterung)		/	

	Dehnungsperfekt	Reduplikationsperfekt	Perfekt ohne Stammveränderung
a-Konjug.	/		/
e-Konjug.		/	/
ī-Konjug.			/
kons. Konjug.			
kons. Konjug. (i-Erweiterung)		/	/

2. Feueralarm. Übersetze:

a) In den alten Städten brannten (Impf.) die Häuser nicht selten.
b) Aber in unserer Stadt haben wir viele Jahre lang° keinen Brand gesehen.
c) Auch das Haus des Quintus haben die Flammen bis jetzt nie(mals) berührt.
d) In einer engen Gasse der schönen Stadt spielten (Impf.) Kinder.
e) (Ein) wenig später erblickten (Perf.) sie Flammen.
f) Die Flammen brannten (Impf.) nur° wenige Stunden lang°.
g) Tapfere Männer löschten (Perf.) die Flammen.

3. Übersetze die deutschen ‚dass'-Sätze als „AcI-Konstruktionen" ins Lateinische und ordne sie dann durch Pfeile den links stehenden Hauptsätzen zu:

1. Scimus ...	a) dass Plinius geschlafen habe.
2. Plinius vidit ...	b) dass Sklaven die Gefahr wahrgenommen haben.
3. Plinius cognovit ...	c) dass Plinius die ganze Natur kennenlernen wollte.
4. Lucius Epillius narrat ...	d) dass viele Menschen zur Küste herabgestiegen sind.
5. Constat ...	e) dass Plinius sich bemühte Freunde zu retten.
6. Amici existimabant ...	f) dass die Menschen der Gefahr (Akk.) nicht entkommen konnten.

1. Pronomina am Fließband (RP = Relativpronomen / DP = Demonstrativpronomen):

is → Akk. Pl. ______ → *f* ______ → RP ______ → Dat. ______ → Sg. ______

→ DP ______ → *n* ______ → Nom. ______ → Pl. ______ → Abl. ______

→ RP ______ → Sg. ______ → DP ______ → Akk. ______ → *m* ______

→ RP ______

2. Ergänze die richtige Form des Demonstrativpronomens is, ea, id:

______ navibus – ______ studium – ______ litora –

______ tempore – ______ gladiatores (Akk.) – ______ libellum –

______ signo (Abl.) – ______ mentem – ______ hominis

3. Schreibe in den folgenden Sätzen über jeden Satzteil, für den hier ein Kennbuchstabe vorgesehen ist, diesen Kennbuchstaben und übersetze dann die Sätze:

A Subjekt – B Prädikat – C Dativobjekt – D Akkusativobjekt – E Genitivattribut –
F Präpositionalausdruck – G Subjekt im AcI – H Infinitiv im AcI – I Imperativ

Eine Tochter erzählt:

A C

a) „Mea mater amicae sepulcrum (Grabmal) familiae ostendit, quod extra oppidum erat.

______

______

b) Ego cum patre in oppido manebam.

______

c) Extra villam sedebamus.

---

d) Servi cenam parabant.

---

e) Matrem et amicam exspectabamus.

---

f) Subito nuntius accessit et contendit cinerem iam nonnulla aedificia texisse et delevisse.

---

g) ‚Relinquite oppidum! Currite ad litus!'

---

h) In viis angustis multis hominibus occurrimus.

---

i) Tum nubem atram super Vesuvium montem vidimus.

---

4. Ergänze die passenden Endungen und übersetze:

I_____ homines, qui vit_____ extra urbem ag_____ cupiunt, urb_____ relinqu_____.

Ersetze nun **homines** durch **homo**. Welche Veränderungen ergeben sich dadurch?

---

1. Einmarsch der Gladiatoren
Übersetze und achte besonders auf den Gebrauch der Pronomina:

a) Die Gladiatoren betreten diesen Kampfplatz.

b) **Populus nomina eorum non ignorat.**

c) Die Gladiatoren nehmen viele Gefahren auf sich.

d) **Media in arena gladiatores sibi occurrunt.**

e) Jetzt bewegen sie sich nicht.

f) **Subito alius alium temptat.**

g) Der Gladiator verteidigt sich mit seinem (eigenen) Schwert (**gladius**).

h) **Omnes gladiatores se suis armis defendunt.**

i) Wer kann sich retten?

2. Wahrheit oder Einbildung? Übersetze nur die ‚dass'-Sätze und achte auf den Gebrauch des richtigen Pronomens im AcI:

a) **Omnes pueri putant** ______________________ <– dass sie tapfer sind.

b) **Omnes puellae sentiunt** ______________________ <– dass sie schön sind.

c) **Pueri dicunt** ______________________ <– dass sie (die Mädchen) nicht schön sind.

d) **Puellae contendunt** ______________________ <– dass sie (die Jungen) nicht tapfer sind.

3. Eine SE(E)-Schlange. Trenne die Schlange an den richtigen Stellen ab und übersetze:

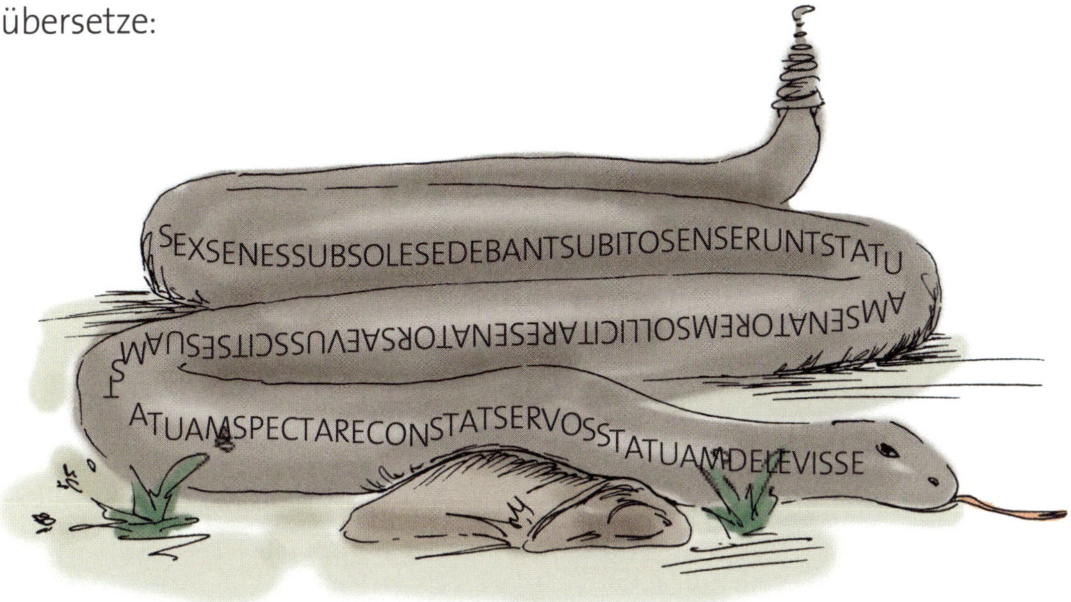

4. Setze die eingeklammerten Pronomina und Substantive in den richtigen Kasus.

a) apud (pater) ____________

b) de (id tectum) ____________

c) sine (arma) ____________

d) post (is murus) ____________

e) extra (urbs) ____________

f) unus ex (ii amici) ____________

g) ab (is homo) ____________

h) per (eae viae) ____________

1. Ein kleiner Wortschatz- und Formentest:

a) Tecum urbem relinquere cupivi. b) Litus petivimus. c) In arena litoris lusimus.
d) Multi homines in litore quiescebant. e) Parvam navem aspeximus. f) Procul sol occidit.

2. Bilde mit den folgenden Verben jeweils die Formenkette:

1. Pers. Sg. Präs. → Impf. → Perf. → Pl. → 3. Pers. → Impf. → Präs. → 2. Pers. → Perf.

videre → ______________________________

____

discere → ______________________________

____

reperire → ______________________________

____

adesse → ______________________________

____

tangere → ______________________________

____

temptare → ______________________________

____

dicere → ______________________________

____

3. FELIX denkt und lenkt. Wiederhole das Sachfeld ‚Denken' auf S. 68 im Begleitband und übersetze dann:

a) Cur sol occidit? Cur terra se movet? b) Eas causas non comprehendo. c) Eas causas cognoscere cupio. d) Diu agito. e) Amica mihi causas ostendit. f) Neque tamen causas intellego. g) Tandem FELIX mihi causas ostendit. h) Nunc omnia scio. Nunc causas non ignoro. i) Eas sententias memoria semper teneo.

4. FELIX schickt dir wieder eine SMS. Er gibt dir auch diesmal nur die Ziffer der Taste an und nicht, wie oft er auf diese Taste drückt:

346 – 666 – 64553 – 7368368427 – 34726

5. Brauchst du ein Wörterbuch? In einem lateinisch-deutschen Wörterbuch findest du die Substantive im Nominativ Singular und die Verben in der 1. Pers. Sg. Präs. Unter welchem Stichwort musst du also bei folgenden Formen nachschauen?

aberant	colitis	onera
hominum	pedibus	auditis
corporibus	vultis	poteramus
faciebant	alebat	senum

6. FELIX hat Perfektformen gebildet. Du ahnst es schon, natürlich wieder mit Fehlern. Unterstreiche die falschen Formen und gib FELIX einen Hinweis auf die Art seiner Fehler, z. B. Personenendung (P), Tempus (T), Wortart (W):

teximus	sentimus	salutavo	salutis	promittis
voluistis	geritis	poterant	potuerunt	audivisti
saevi	scivi	decessit	delevi	habuimus

1. Übersetze:

a) Dum ego disco, tu quiescis.
b) Ego multa disco, quia studia varia amo.
c) Si multa disco, multas artes cognosco.
d) Nisi disco, animus quiescit.
e) Et tu? Nonne paucas horas discis, postquam diu quievisti?
f) Quamquam multas horas didicisti, nihil comprehendis, nihil intellegis, nihil scis.

Welche Gliedsätze (a–f) beinhalten eine Einschränkung, eine Bedingung, einen Grund, eine Zeitangabe?

____

Welche Subjunktionen in diesen Sätzen geben also eine

temporale: ______________ kausale: ______________

konzessive: ______________ kondizionale: ______________

Sinnrichtung an?

2. Übersetze die Sätze des **Habenix** und des **Possedix** und bilde dann die beiden fehlenden Sätze des **Essefix**:

a) Habenix: Quid habes? – Possedix: Ego multa bona possideo. –
Essefix: Mihi multa bona <u>non</u> sunt.

b) Habenix: Habetne tua mater ornamenta pulchra? – Possedix: Mea mater ornamenta pulchra possidet.

Essefix: ______________________________

c) Habenix: Habesne multas naves? – Possedix: Ego multas naves possideo.

Essefix: ______________________________

3. Setze die folgenden Konnektoren und Subjunktionen so ein, dass sich sinnvolle Aussagen ergeben, und übersetze dann:

non solum ... sed etiam – neque tamen – neque ... neque – quia – quamquam

a) Senex vitam miseram in vico parvo agit; ____________ vicum relinquit.

____

____

b) Senex non iam laborare potuit, ____________ vulnus pedis eum a labore prohibuit.

____

____

c) ____________ senex non multa habuit, pauca cupivit.

____

____

d) Senex ____________ amicorum ____________ filii auxilium petivit.

____

____

e) Nonnulli homines ____________ malas suspiciones habuerunt, ____________ crimina acerba seni fecerunt.

____

____

1. Konjugiere lateinisch (schriftlich) und deutsch (mündlich) im Futur I:

Primo quiescam, tum laborabo.

Deinde libellum quaeram et inveniam.

2. Tempus-Zauberei. FELIX wirft „Futur-Bälle" in die Luft, die als „Präsens-Bälle" zurückkommen. Notiere die Aufschrift der „Präsens-Bälle":

3. Das dachte sich der Wissenschaftler Plinius:

a) Non modo terram et caelum, sed etiam omnem naturam cognoscam.
b) E loco opportuno Vesuvium montem spectabo.
c) Quem locum petam.
d) Nubes atra studium meum incendit.
e) Non dubitabo amicos servare.
f) Familiaribus adero.

4. Das dachten sich die Griechen:

a) Wir werden ein Pferd bauen.
b) Wir werden das Pferd an die Stadt ziehen.
c) Die Trojaner werden die Tore öffnen.
d) Sie werden das Pferd mitten in die Stadt ziehen.
e) In° der Finsternis (Abl.) werden wir das Pferd verlassen.
f) Wir werden die Trojaner angreifen.
g) Wir werden die Stadt in Brand stecken.
h) Wir werden Troja erobern.

5. Setze folgende Präsensformen in die entsprechende Perfektform. Wenn du dann den 1. Buchstaben des 1. Wortes, den 2. des 2. Wortes usw. aneinanderfügst, erhältst du den Namen eines guten Bekannten:

flent ______ capiunt ______ colligo ______

dicis ______ abducit ______ Lösungswort: ______

1. Passe die Adjektive an die Substantive an:

a) onera (ingens / magnus / omnis)

b) victoriam (celer / felix / pulcher / praeclarus / communis)

c) vulneris (acer / recens / parvus)

d) clamore (ingens / acer / magnus / tristis)

2. Wo sind die Adjektive?
In jeder Zeile befindet sich nur ein Adjektiv. Unterstreiche dieses rot.
Bestimme alle anderen Wörter nach ihrer Wortart: Substantiv (S), Verbum (V), Pronomen (P):

a) parcos – patres – potes

b) nominibus – quibus – ingentibus – fontibus

c) ages – acres – mittes – artes – ades – eas

d) contentis – contendis – condis – capitis – capis

3. Ordne den Substantiven die passenden Adjektive durch Linien zu. Es gibt jeweils nur eine Möglichkeit:

regnum	tristium
equi	potens
voce	similia
oneribus	celeris
nuntium	acri
nomina	ingentibus
amicorum	felicem

4. In der Sommerhitze hat jeder etwas anderes vor ..., aber FELIX macht bei der Übersetzung in jedem Satz zwei Fehler. Unterstreiche sie und übersetze richtig:

a) Dum sol ardet, multis hominibus placet in umbra somnum capere.

Dann brennt die Sonne, vielen Menschen gefällt es, im Schatten ein Gespräch zu nehmen.

b) Aliis placebit post negotia in thermis paulum quiescere.

Den einen gefällt es, nach den Geschäften in der Nähe der Thermen zu ruhen.

c) Aliis placebit ad fontem naturam et silvam et aquam spectare.

Den anderen gefiel es, bei einer Quelle die Natur, die Wälder und das Wasser zu betrachten.

d) Tibi, ut scio, placuit sub arbore cum amicis ludere.

Dir gefiel es, wie wir wissen, unter den Bäumen mit den Freunden zu spielen.

1. Bilde die entsprechenden Formen:

	corpus	nox	navis	virgo
litoris				
litore				
litora				

	calamitas	turris	nomen	iuvenis
litoris				
litore				
litora				

2. Bilde jeweils einen vollständigen deutschen und einen vollständigen lateinischen Satz:

a) Die Kinder eilen zu den Quellen, **quorum aqua boves alit.**

D ______________________________

L ______________________________

b) **Liberi puerum vident,** der Ochsen von den Feldern nach Hause treibt.

D ______________________________

L ______________________________

c) Der Junge macht eine Arbeit, **quem avus suscipere non iam potest.**

D ______________________________

L ______________________________

3. Wir besichtigen Rom. Übersetze:

a) Ich werde dir die berühmten Denkmäler der Stadt Rom zeigen.
b) Wir werden viele Stunden lang° auf dem Forum sein.
c) Dort werdet ihr schöne Gebäude sehen.
d) Vom Kapitol aus werdet ihr Rom betrachten.
e) Ich werde zufrieden sein, wenn euch Rom gefällt (Futur).
f) Schließlich werden wir uns in einem Wirtshaus über Wein und Gespräche freuen.

4. Das Formentelefon

Bilde die Formen, die den folgenden „Telefonnummern" entsprechen, und übersetze sie:

1 ich	2 du	3 er / sie / es	4 wir	5 ihr	6 sie
1 salutare	2 videre	3 posse	4 iubere	5 aperire	6 ducere
1 Futur			2 Perfekt		

252 ______________________ → ______________________

521 ______________________ → ______________________

432 ______________________ → ______________________

441 ______________________ → ______________________

612 ______________________ → ______________________

162 ______________________ → ______________________

5. Äneas sucht eine neue Heimat

a) Postquam Aeneas vocem patris audivit, comites iussit: b) „Currite ad litus et parate naves! c) In Italia uxor nova me exspectabit, meus filius Albam Longam oppidum aedificabit; oppidum novum in patria nova habebimus et multa alia oppida condemus. d) Posteri nostri multis populis imperabunt et gloriam meae familiae augebunt."

1. Ordne die folgenden Substantivformen im Nom. Sg. (Pluralwörter im Nom. Pl.) den jeweiligen Deklinationsklassen zu:

carmina – arma – capita – animalia – templa – ira – moenia – maria – sororum – vinculum – finium – supplicium – cursum – tempus – casus – mente – actio – numero – multitudo – modi – matres – manibus – artibus – reges – iudicium – turres – hostibus – vires – victoriis – anni

a-Dekl.: ______

o-Dekl. *m*: ______

o-Dekl. *n*: ______

u-Dekl.: ______

3. Dekl.: ______

3. Dekl. (i-Stämme): ______

2. Setze alle Wörter in den Plural und übersetze dann:

a) Is casus hominem sollicitavit. Pl.: ______

______

b) Cursu celeri amicum superabis. Pl.: ______

______

c) Manu eam serpentem tetigi. Pl.: ______

______

d) Carmen pulchrum audivisti. Pl.: ______

______

3. Bilde die Tempusreihen in den genannten Personen:

	Präsensstamm			Perfektstamm	
	Präsens	**Imperfekt**	**Futur**	**Perfekt**	**Futur II**
concedere 1. Pers. Sg.					
contendere 1. Pers. Pl.					
capere 2. Pers. Sg.					
aperire 3. Pers. Pl.					
currere 2. Pers. Pl.					
temptare 3. Pers. Sg.					

4. „Wann?“ oder „Wie lange?“ – Achte auf den Kasus und übersetze:

a) eo anno ______

b) multas horas ______

c) brevi tempore ______

d) antiquis temporibus ______

e) paucos annos ______

5. Sein, ihr, ihre, dessen, deren? – Füge die folgenden Pronomina ein und übersetze:

cuius – vestram – eius – meos – suum – eorum – vestra – vos

a) Numitor: „Laetus sum; nam nepotes ______ inveni. b) Vos, Romule et Reme, matrem ______ brevi tempore videbitis. c) Vita ______ diu misera erat. d) Amulius me, fratrem ______, opprimebat. e) Postea Faustulus pastor (Hirte) ______ e Tiberi servavit. f) ______ uxor vos curavit et aluit. g) Nunc Amulium et milites ______ vicistis. h) Ecce! Omnes pastores et familiae ______ gaudent.“

1. Substantiv oder Verbum? Bestimme bei den Substantiven die Deklinationsklasse, den Kasus und Numerus, bei den Verben die Konjugationsklasse und das Tempus:

a) res ____________ b) mercatores ____________

c) ages ____________ d) audies ____________

e) spes ____________ f) sedes ____________

g) tenes ____________ h) dies ____________

i) rides ____________ j) pes ____________

k) fidem ____________ l) pacem ____________

2. Gute Freundinnen?!
Setze die passenden Formen von res in die Lücken ein und übersetze mündlich:

IULIA: „Meas ____________ non invenio. Tune meas ____________ repperisti?“

CLAUDIA: „Ego meas ____________ curo, tu tuas ____________. Desine me torquere!“

IULIA: „Ostende mihi eas ____________, quas manibus tenes!

Da mihi unam earum ____________, quas condis! Tu meas ____________ rapuisti.

Scisne pretium unius ____________, quam rapuisti?“

CLAUDIA: „Nullam ____________ rapui, Iulia. Amica bona certe cunctas ____________

cum amica sua dividit.“

3. Vervollständige die Verbpaare im Plusquamperfekt und übersetze sie:

a) videram et aud ______

b) potuerat et (velle) vol ______

c) aedificaverant et aux ______

d) desideraveramus et cupi ______

e) responderas et promi ______

4. Der „Mehralsperfekt"-Übersetzungstest!

Musae gaudebant, quia Apollo ...	Die Musen freuten sich, weil Apollo ...
a) cursu celeri montem petiverat.	______
b) magnos labores sustinuerat.	______
c) cum Pythone serpente pugnaverat.	______
d) serpentem impetu vehementi vicerat.	______
e) alle durch seine° Lieder erfreut hatte.	______

5. Füge die Adjektive im richtigen Kasus sinnvoll in den folgenden Text ein:

miser – crudelis – tristis – ingens – potens – difficilis

a) Iovi ______ placebat Prometheum torquere.

b) Iovis supplicium ______ erat.

c) Itaque Hercules homini ______ et ______ adesse cupiebat.

d) Herculi ______ non erat Prometheum e periculo ______ liberare.

1. Köpfchen gefragt! Setze die Verbformen ins Passiv. Bei welchem Wort ist eine Umwandlung ins Passiv nicht möglich?

regis – reperis – reddis – rides – relinquis – reprehendis – resistis – retines – rapis

2. Zwei schwarze Schafe! Welche Wörter sind keine Passivformen? Übersetze.

corripimini – violor – timor – vertuntur – amittitur – timeor – liberaris – liberis – laudari

3. Verwandle folgende Sätze ins Passiv und übersetze sie dann ins Lateinische:

Wir prüfen die Speisen. → Cibi a nobis probantur.

a) Der Anblick des menschenleeren Strandes erfreut mich.

b) Die Wellen umgeben die Insel von allen Seiten.

c) Die Kinder halten das wilde Pferd zurück.

4. Drei Römerinnen stellen sich vor. Übersetze:

a) Eine Vestalin, 25 Jahre alt:

Vestales sunt ministrae (minister!) Vestae deae, cuius in templo flammas servant. Dum enim ignis non exstinguitur, deam Romanis adesse scimus. Cum eram puella decem annorum (Altersangabe!), tectum Vestalium intravi. Neque patribus neque maritis parere debemus; sed difficile est omnem vitam deae dare (*hier:* widmen). Cum recte non agimus, poena vehementi afficimur. Quia a populo amamur, nemo me, cum in viis a lictoribus ducor, verbis laetis salutare cessat. Homines, si a Vestalibus auxilium petunt, semper a nobis teguntur. Si mihi sceleratus occurrit, a poena liberatur. Nemo animo tristi dimittitur. Gaudemus vita felici hominum.

b) Die Frau eines Senators, 30 Jahre alt:

Omnes res a meo marito decernuntur. Ego villae et servis impero. Etiam liberos curare debeo. Si liberi valent, deis gratias ago. Ab uxore senatoris etiam cibi et vestes parantur. Modo ab amicis ad cenam invitor, modo cum marito theatrum visito. Qui semper negotia sua agit. Postquam servi eum lectica (lectīca, ae: Sänfte) ad curiam portaverunt, multa consilia ab eo habentur. Cum posco: „Desine tot negotia suscipere", ira movetur. Me monet: „Tu non modo a laboribus prohiberis, sed etiam donis a me delectaris, quia ego onera et munera sustinere non cesso. Te negotia mea reprehendere necesse non est."

c) Eine Gastwirtin, 28 Jahre alt:

Tabernam possideo, ubi cibi et vina bona ab hospitibus meis appetuntur. Qui plerumque (meist) probi sunt; si autem pecuniam non habent, subito dimittuntur. Quamquam saepe condiciones malas laboris suscipere debeo, vita mea gaudeo. Maritum enim non habeo, a quo semper reprehendor. Haud raro, ut scitis, fures res meas rapere temptaverunt. Quin etiam (ja sogar) taberna iterum atque iterum a sceleratis incenditur. Sed periculis eiusmodi non sollicitor. Cum in periculum venio, a multis amicis iuvor.

1. Bestimme und übersetze folgende Verbformen auf einem Zettel:

a) es wird geschenkt werden
b) wir werden versprechen
c) sie wird fühlen
d) du wirst eingeschüchtert werden
e) ich werde lachen
f) ihr werdet vertrieben
g) permittam
h) reprehenditur
i) manebitis
j) ducentur
k) tangemur
l) conspicieris

2. Bilde die vorgegebenen Verbformen und trage sie in die Tabelle ein:

Aktiv	dicere	velle	confirmare	sentire
2. Pers. Sg. Fut. I				
3. Pers. Pl. Präs.				
1. Pers. Pl. Perf.				
1. Pers. Sg. Impf.				

Passiv	demittere	terrere	interrogare	capere
1. Pers. Sg. Präs.				
2. Pers. Sg. Fut. I				
3. Pers. Sg. Impf.				
3. Pers. Pl. Fut. I				

3. Ach herrje! Am Schluss steht immer **e**! Bestimme und übersetze:

salve – paene – verte – esse – certe – prope – voce – hodie – serve – neque – utile – ecce – saepe – nonne – bene – ave – deinde – occulte – recte – vale

4. Gesucht wird ...
Wenn es zur Römerzeit schon Zeitungen gegeben hätte, könnte eine Annonce vielleicht so ausgesehen haben. Übersetze:

QUAERUNTUR

minister et ministra, qui se dominis parere debere sciunt neque cessant labores duros suscipere. Poscimus a ministra cibos familiae hospitibusque parari. Cum liberis ludet et avum curabit. A ministro non modum equi in silvam ducentur, sed etiam agri colentur. Oportet eum frumentum curare. Venite ad nostram villam! Si libenter laboraveritis, a nobis mox liberabimini.

5. Vermutlich hätte man in einem römischen Anzeigenblatt folgenden Sonderpostenverkauf wegen Geschäftsaufgabe gefunden. Übersetze:

Nostra taberna claudetur! VENDEMUS:
- ORNAMENTA, quae a vobis saepe desiderabantur
- VASA, quae numquam frangi possunt
- VINUM, quod iam diu appetitis
- SIMULACRA DEORUM, quibus certe delectabimini

6. Landhaus zu verkaufen ...
Angenommen, römische Immobilien wären „per Inserat" angepriesen worden, hätte folgendes Objekt sicher bald einen Käufer gefunden. Übersetze:

Iam saepe clamore urbis sollicitabamini. Iam diu quiescere cupitis.
Audite consilium meum:
Vendemus villam rusticam, cuius conspectu omnes delectabuntur.
Villam invenietis mediis in silvis et agris pulchris. Laeti eritis et liberi (līber, a, um: frei) a negotiis et turba, ut illuc venistis. In umbra arboris sedebitis et ramos (rāmus: Zweig) spectabitis, qui aura moventur.
Relinquite insulas antiquas et vicos angustos Romae! Natura loci a vobis laudabitur. – De pretio agi potest.

1. Auf den Spuren der Römer

Nach einer gemeinsamen Klassenfahrt berichten die Schüler in lateinischen Referaten von besonders beeindruckenden Zielen. Markus hat seinen Favoriten gefunden: Rom. Übersetze:

„Nihil“, inquit, „ei urbi, quam primum intravi, simile est. Multa monumenta Romam diu caput imperii ingentis fuisse demonstrant. Quot statuae et simulacra posteris servata sunt! Omnes, qui ea aspexerunt, Graecos Romanos multos artes docuisse cognoverunt. Ut Romani theatris et amphitheatris delectati sumus. Ibi quondam fabulae et ludi gladiatorum spectati sunt. Audivimus multos homines gladiatores amavisse. Sed vita eorum dura erat, quia media in arena modo violati modo necati sunt.
Urbs, cum ab imperatoribus (imperātor, ōris: Kaiser) regebatur, multis foris ornata (ōrnāre: schmücken) erat, ubi in templis pulchris dei et deae colebantur. Magister (Lehrer), qui nos ducebat per Forum Romanum, narravit de initio urbis Romae, qua omnes Italiae gentes (gēns, gentis *f*: Volk) et vi et gloria superatae sunt.“

2. Bilde zu den deutschen Präsensformen die vorgegebenen Tempora und übersetze sie dann ins Lateinische:

wir gehorchen	→ Impf.	→ Plusqpf.	→ Fut. I
ihr blickt zurück	→ Perf.	→ Fut. I	→ Plusqpf.
er sammelt	→ Fut. I	→ Perf.	→ Impf.
ich werde eingeschlossen	→ Perf.	→ Fut. I	→ Impf.
sie werden gehört	→ Fut. I	→ Impf.	→ Perf.
du wirst ermutigt	→ Impf.	→ Fut. I	→ Plusqpf.

3. Trage die Verbformen in die richtigen Tempel ein:

fecisti – pendet – audiemini – mutor – capiet – frangebantur – possidebo – temptaris – dubitari – scies – manebitis – effugimus – indicatum est – reperiunt – retinuisse

4. Verwandle folgende Sätze ins Passiv und übersetze sie dann ins Lateinische:

Ikarus hat Federn gesammelt. → Pennae ab Icaro collectae sunt.

a) Ihr habt die Verbrecher gefasst.

b) Die Sklaven mussten die schlechten Arbeitsbedingungen nicht mehr fürchten.

c) Freunde haben den alten Mann gepflegt.

d) Euere Lebensweise hatte mich erschreckt.

e) Dein Vater zog dich groß.

1. Für jeden Topf findet sich ein Deckel! Verbinde mit Linien und übersetze:

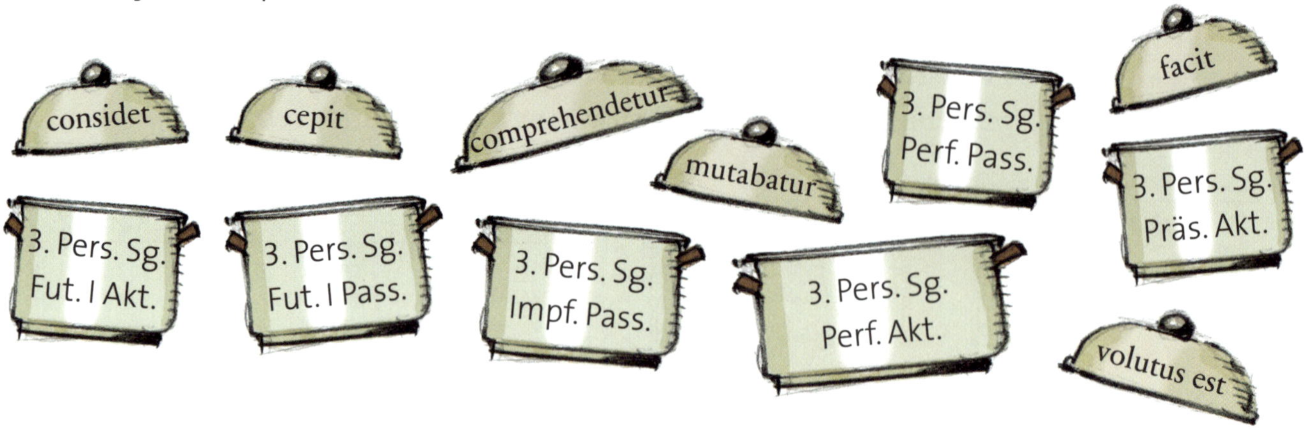

2. Vervollständige die Tabelle:

vocare	**tendere**	**invenire**	**perterrere**	**respicere**
vocas				
vocant				
vocabit				
voca				
vocavit				
vocari				
vocaris				
vocabamini				
vocatus sum				

3. Wie die Wölfin auf die Münze kam – Ein Romreisender erzählt in einem Brief an einen Freund. Übersetze:

„Multos dies a patria absum, quia eum locum videre cupivi, ubi Alba Longa, caput Latinorum (Latīnī, ōrum: Latiner), erat. Senex mihi narravit: ‚Temporibus antiquis Amulius, vir durus et infestus, Albae Longae imperabat, quamquam regnum Numitori, eius fratri, datum erat. Qui iussu Amulii oppidum reliquerat.

Tum rex crudelis consilium cepit Romulum et Remum, Numitoris nepotes, interficere. Itaque duo pueri ad ripam Tiberis relicti sunt. Amulius enim eos in undis occidere debere putabat. Dei autem fratribus auxilio venerunt. A lupa (lupa, ae: Wölfin) inventi et e flumine (flūmen, inis *n*: Fluss) servati sunt; quae liberos curavit et cibo aluit. Brevi tempore fratres adulescentes fortes erant, qui ceteros saepe virtute vincebant.‘
Quot nummos (nummus, ī: Münze) collegisti, qui lupā ōrnati (ōrnāre: schmücken) sunt! Nunc certe non ignoras causam, amice.“

4. Ordne jeder aktiven Verbform von **manere** und **movere** ihre passive Entsprechung zu nach folgendem Beispiel: **monuerunt – moniti sunt**

____

____

____

____

____

____

____

____

5. Ergänze die Sätze mit dem richtigen Prädikat und übersetze sie:

deletae sunt – clausi erant – narrata sunt – relictum est – perterriti sunt

a) Iam multa vobis de Pompeis ______________________________

b) Tum homines caelo atro ______________________________

c) Oppidum a multis brevi tempore ______________________________

d) Nonnulli autem velut captivi sub tectis ______________________________

e) Villae nobiles flammis ______________________________

1. Wer erzählt hier? Übersetze:

„In omni Gallia a Romanis capta solum unus vicus est, qui hostibus resistere non desinit. Qui vicus noster est. Romani, quia nobis infesti sunt, sperant se nos in eo vico clausos mox opprimere posse. Sed eorum armis non perturbamur.

Nobis enim adsunt duo amici. Alter est Miraculix. Is, cum pericula vicum sollicitant, herbis (herba, ae: Kraut) in silva collectis occulte potum (pōtus, ūs *m:* Zaubertrank) facit, quem Gallis praebet. Eo modo vires nostrae nimis magnae sunt.

Alter, amicus meus, Obelix (Obelīx, īgis) nominatur. Quia puer (als Junge) in potum cecidit, ceteros virtute vincit, quamquam arma non possidet. Romani ab Obelige forti iterum atque iterum laesi, cum eum aspiciunt, pugnam effugere temptant.

Noster igitur vicus alterius vi alteriusque arte servatus a Romanis vix delebitur."

2. Bilde das PPP der folgenden deutschen Verben, ergänze dann mit jeweils einem dieser Partizipien die Ausdrücke und übersetze sie:

lieben, verletzen, verurteilen, zerstören, besiegen, erfinden, erwarten

a) die Grenzen des ________________ Herrschaftsgebiets

b) die von Dädalus ________________ Kunst

c) die Menschen der durch den Vesuv ________________ Stadt

d) die von den Kindern ________________ Mutter

e) der vom Senator ________________ Dieb

3. Setze die fehlenden Endungen des Substantivs **iuvenis** und des Partizips **laesus** ein und übersetze:

a) Iuvenis a sceleratis laesus dolores vix sustinere potuit.

b) Comites iuven________ a sceleratis laes________ effugerunt.

c) Paulo post amici iuven________ a sceleratis laes________ auxilio venerunt.

d) Ii putabant iuven________ a sceleratis laes________ ad medicum (!) portari debere.

4. Übersetze die Partizipien zunächst wörtlich und dann mit einem Relativsatz:

a) Equo ligneo (līgneus, a, um: hölzern) a Graecis in urbem portato Troianis pernicies parata est.

b) Aeneas clamore sollicitatus statim in viam cucurrit.

c) Feminas ab hostibus abductas (abductum: PPP zu abdūcere) flere audivit.

d) Familiares verbis Aeneae moniti ex urbe discesserunt.

e) Aeneas cum patre filioque ab urbe a Graecis deleta in novam patriam navigavit (nāvigāre: segeln).

In welchen Sätzen kann das Partizip auch mit einem Adverbialsatz aufgelöst werden?

1. Dekliniere im Singular und Plural:

praeda rapta – frater ira commotus – avis canens – adulescens salutans et vir salutatus

2. Übersetze zunächst wörtlich und dann – wenn möglich – mit einem Relativsatz:

1. liberi aestu laborantes 2. vultus puellae ridentis 3. amico spem deponenti 4. vox pueri carmen pulchrum canentis 5. contra hostes bellum gerentes

1. ______________________

2. ______________________

3. ______________________

4. ______________________

5. ______________________

3. Bilde jeweils von folgenden Verben das PPA und PPP:

rapere – decipere – damnare – laedere – movere – respicere – invenire – interficere – volvere – mandare – docere – tollere

____

____

____

4. Bringe die Geschichte vom Wolf (lupus, ī) und von der Ziege (capra, ae) in die richtige Reihenfolge und übersetze sie dann:

a) Lupus e capra quaesivit: „Cur non relinquis locum altum et descendis in eos agros, qui tibi magnam copiam herbarum (herba, ae: Kraut) praebent?“
b) Eam capere non poterat.
c) Lupus capram in monte alto stantem conspexit.
d) Capra respondit: „Locum tutum neque locum dulcia praebentem quaero.“

5. Quis est „is“? Übersetze und ordne der Erläuterung den richtigen Namen zu:

a) Is patri non parens in mare cecidit.
b) Is ab omnibus laudatus etiam Minoi regi auxilio venit.
c) Eum a Iove damnatum aquila (aquila, ae: Adler) torquebat.
d) Ei ab Ulixe superato nemo adesse potuit.
e) Is carmina pulchra canens deos movit.

Polyphemus
Icarus
Theseus
Orpheus
Prometheus

6. Welches Wort passt jeweils nicht in die Vierergruppe?

a) paene – ultro – aliter – dum
b) mitti – respici – fudi – affici
c) intra – causa – contra – inter
d) torqueris – audiris – oneris – moveris
e) Minotaurus – Bacchus – Daedalus – Atheniensis

7. Bestrafte Eitelkeit: Ein Fuchs (vulpēs, is *f*) trifft einen Raben (corvus, ī).

Vulpes per silvam volans corvum aspexit, qui in arbore sedens fructum devorare (verschlingen) parabat. Statim accessit et avem salutavit: „Salve, o corve! Libenter te omnes vi et virtute superantem specto. Animalia contendunt te etiam bene canere scire. Ego quidem nondum audivi tuam vocem pulchram.“
Corvus, qui dolo vulpis deceptus artem suam demonstrare cupiebat, rostrum (rōstrum, ī: Schnabel) aperuit et fructum amisit. Tum vulpes praedam devorans risit: „Dum stultus in arbore canit, praeda de arbore cecidit.“

1. Bilde möglichst viele korrekte Verbformen, indem du ein Element aus jedem Krug wählst und zusammensetzt.

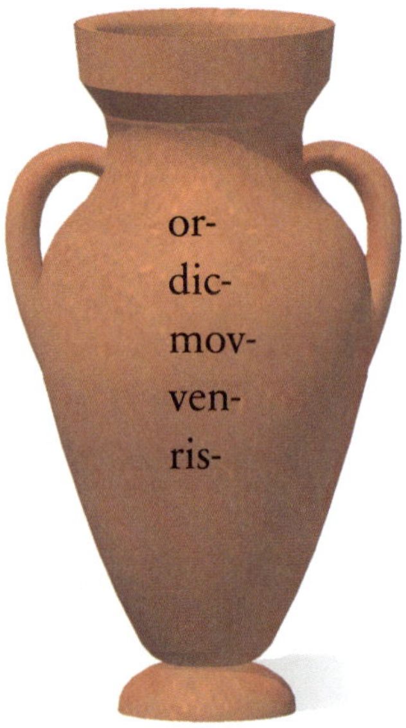

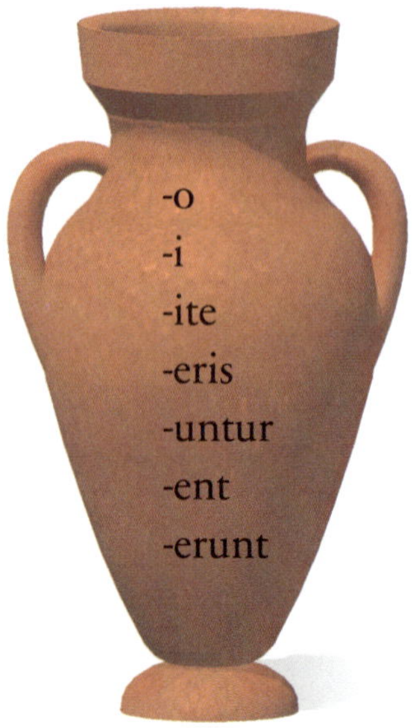

2. Mowgli

In JOSEPH RUDYARD KIPLINGS (1865–1936) Roman „Das Dschungelbuch" wird auch eine Geschichte von einer Wölfin und einem „Menschenkind" namens Mowgli erzählt. Sie beginnt ähnlich wie die Sage aus der Frühzeit Roms. Übersetze auf einem gesonderten Blatt.

Quondam tigris (tigris, tigris *m/f*: Tiger) hominibus infestus puerum parvum e vico hominum rapuit inque silvam (silva *hier*: Dschungel) abduxit. Puero autem lupa (lupa, ae: Wölfin) auxilio venit, quae felicem pro matre aluit et texit. Postquam cetera silvae animalia de puero consilium habuerunt, decreverunt eum apud lupos (lupus, ī: Wolf) manere posse. Multos annos Mowgli cum lupis vixit; ab amicis suis ad pugnam contra tigrim paratus est. Et sermonem animalium et leges (lēx, lēgis *f*: Gesetz) silvae didicit. Cibos colligere et vitam suam servare potuit. Denique artibus suis, fortitudine (fortis!) animique vi, tigrim saevum et turpem necavit. Postea autem, quia se hominem esse sensit, e silva discessit.

3. Ersetze die Adverbialsätze jeweils durch eine Partizipialkonstruktion und übersetze dann:

Puer, quia a patre laudatus erat, gaudebat.

→ Puer a patre laudatus gaudebat.
→ Der Junge freute sich, weil er vom Vater gelobt worden war.

a) Gladiator, quia virtute adversarii (adversārius, ī: Gegner) superatus est, fortunam suam flet.

b) Urbs, postquam ab hostibus capta est, deleta est.

c) Milites, quamquam armis temptati erant, necati non sunt.

Bilde nun aus jedem der oben vorgegebenen Sätze zwei Einzelsätze, indem du die Sinnrichtung durch ein entsprechendes Bindewort (itaque, tamen, tum) deutlich machst:

Puer a patre laudatus gaudebat. → Puer a patre laudatus est. Itaque gaudebat.

d)

e)

f)

FELIX Neu

Lösungen

zum Arbeitsheft 1

C.C. Buchner

1

1. Von links unten im Uhrzeigersinn: templum – basilica – monumentum – basilica – templum – Colosseum

2. links oben: Barbara serva – Lydia serva; links unten: Syrus servus; Mitte oben: Balbus servus – Flavus servus; rechts unten: Xanthippus servus – Marcus filius – Claudia filia

3. **-a** *f*: domina die Herrin; filia die Tochter; serva die Sklavin; statua die Statue, das Standbild; basilica die Gerichtshalle
-us *m:* dominus der Herr; filius der Sohn; servus der Sklave
-um *n:* forum das Forum, der Marktplatz; monumentum das Denkmal; templum der Tempel

2

1. portae: Pl. *f* – monumenta: Pl. *n* – amici: Pl. *m* – templum: Sg. *n* – amica: Sg. *f* – statua: Sg. *f* – templa: Pl. *n* – amicae: Pl. *f* – forum: Sg. *n* – servi: Pl. *m*

2. **a)** filius et filia: gaudent / properant / salutant – **b)** porta: patet – **c)** servus: interrogat / adest / gaudet – **d)** amicae: gaudent / properant / salutant – **e)** amica et amicus: gaudent / properant / salutant – **f)** amica: interrogat / adest / gaudet – **g)** domini et dominae: gaudent / properant / salutant – **h)** dominus: interrogat / adest / gaudet.

3. **a)** Hic monumentum est, ibi statua est. – **b)** Hic basilica est, ibi templum est. – **c)** Portae patent. – **d)** Iulia iam adest. – **e)** Et amica iam adest. – **f)** Iulia gaudet et interrogat: „Ubi amici sunt?“

4. 1j – 2e – 3h – 4l – 5i – 6a – 7k – 8g – 9b – 10f – 11c – 12d

3

1. **a-Konjugation:** intrant, exspectant, laborat, exspectant, clamant, laborant, salutat, interrogat, stat, exspectat – **e-Konjugation:** patent, sedet, tacet, placet, gaudet, ridet – **kons. Konjugation:** accedit, accedunt, mittit, accedunt

2. acced/it – tace/nt – mitt/unt – sta/t – ride/t – clama/nt

3. **a)** Senator non intrat, sed paulum exspectat. / Der Senator tritt nicht ein, sondern wartet ein wenig. – **b)** Non mercator adest, sed senator. / Nicht der Händler ist da, sondern der Senator. – **c)** Mercatores non cessant, sed laborant. / Die Händler zögern nicht, sondern arbeiten.

4. **a)** ubi? quid? cur? quis? – **b)** hic, ibi, prope – **c)** tandem, nunc, nondum, diu, statim, tum, (iam, paulum)

5. **a)** Der Herr ist schon da. *Pl.:* Domini iam adsunt. – **b)** Der Senator wartet ein wenig. *Pl.:* Senatores paulum exspectant. – **c)** Das Tor steht noch nicht offen. *Pl.:* Portae nondum patent. – **d)** Jetzt kommt der Freund herbei. *Pl.:* Nunc amici accedunt. – **e)** In der Nähe arbeitet ein Kaufmann. *Pl.:* Prope mercatores laborant.

4

1. **a)** accede, accedite – **b)** tace, tacete – **c)** voca, vocate – **d)** mitte, mittite

2. **a)** Intra, domina! / Tritt ein, Herrin! – **b)** Paulum exspecta, mercator! / Warte ein wenig, Kaufmann! – **c)** Emite ornamenta, domini! / Kauft Schmuckstücke, Herren! – **d)** Gaudete, dominae! / Freut euch, Herrinnen! – **e)** Tace et labora, mercator! / Schweig und arbeite, Kaufmann!

3. **a)** Die Händler sind schon da. Die Leute beeilen sich (Das Volk beeilt sich), denn die Händler rufen und schreien: „Kommt her, Herren, seht, Damen!“ – **b)** Sofort kommt Cornelius herbei und ruft: „Komm her(bei), Corinna! Sieh! Die Schmuckstücke gefallen mir.“ – **c)** Aber Corinna freut sich nicht und schweigt: „Die Schmuckstücke gefallen mir nicht.“ – **d)** Ibi curia est. Senatores non intrant, sed cessant et paulum exspectant. Nam Alfius mercator vocat: „Senatores, accedite, videte et emite, emite et gaudete!“ – **e)** „Senatores, properate, tandem accedite et intrate! Nunc tacete, tum laborate!“

4. **Neutrum Plural:** templa, fora, ornamenta, monumenta – **Vokativ:** amica, serve, serva, domina, amici, domine, domini – **Imperativ:** exspectate, voca, intra, tacete, gaude, vide, clama, mitte, eme

5

1. **a-Dekl.**: portam, portas; statuam, statuas; turbam, turbas – **o-Dekl.** *m:* amicum, amicos; populum, populos; equum, equos – **o-Dekl.** *n:* verbum, verba; templum, templa; ornamentum, ornamenta – **3. Dekl.**: arborem, arbores; mercatorem, mercatores; senatorem, senatores

2. **a)** Senatores servos vocant. / Die Senatoren rufen die Sklaven. – **b)** „Accedite, servi!“ / Kommt herbei, Sklaven! – **c)** Mercatores clamant. / Die Händler schreien. – **d)** Dominae mercatores quaerunt. / Die Damen suchen die Händler.

3. **a)** Mercator forum petit. – **b)** Mercatores dominum / dominos / dominam / dominas vocant. – **c)** Puella equum / equos videt. *oder:* Puellae equum / equos vident. – **d)** Serva / Servus equum retinet. *oder:* Servi / Servae equum retinent. – **e)** Dominus et senator / Domini et senatores (*auch möglich:* Domina et senator / Dominae et senatores) curiam petunt. *(Da es nur eine Kurie in Rom gab, solltest du* curiam *nicht in den Plural setzen.)* – **f)** Servi mercatorem / mercatores salutant.

4. **a)** Hic templum est. Ibi dominae et domini, senatores et mercatores accedunt. Non cessant, sed statim templum intrant. – **b)** Im Innern betrachten sie die Statuen. Plötzlich beunruhigt Lärm die Damen und Herren, die Senatoren und Händler. Was ist das? Eine Sklavin hält ein Mädchen zurück. Das Mädchen berührt ein Pferd, denn es hat keine Angst vor Pferden. Aber das Pferd verletzt das Mädchen.

5. **p**ecunia – **s**ollicitat – **i**nterea – **i**acet – **i**ntrat – **m**ittit – **m**onumentum – **r**etinent / Lösungswort: imprimis

---

W1

1. **(A) 1.** Dominus filiam videt. – **2.** Dominus filias videt. – **3.** Domini filiam vident. – **4.** Domini filias vident. – **5.** Filia dominum videt. – **6.** Filia dominos videt. – **7.** Filiae dominum vident. – **8.** Filiae dominos vident.
   (B) 1. Mercator dominam quaerit. – **2.** Mercator dominas quaerit. – **3.** Mercatores dominam quaerunt. – **4.** Mercatores dominas quaerunt. – **5.** Domina mercatorem quaerit. – **6.** Domina mercatores quaerit. – **7.** Dominae mercatorem quaerunt. – **8.** Dominae mercatores quaerunt.
   (C) 1. Mercator senatorem videt. – **2.** Mercator senatores videt. – **3.** Mercatores senatorem vident. – **4.** Mercatores senatores vident. – **5.** Senator mercatorem videt. – **6.** Senator mercatores videt. – **7.** Senatores mercatorem vident. – **8.** Senatores mercatores vident.

2. **a)** Amici portam / tabernas / templum / quaerunt. Die Freunde suchen das Tor / Wirtshäuser / einen Tempel. – **b)** Amici mercatorem / amicam / servos interrogant. Die Freunde fragen einen Händler / die Freundin / die Sklaven. – **c)** Amici non arbores, sed equos / non templa, sed puellas / non statuas, sed filias vident. Die Freunde sehen nicht die Bäume, sondern die Pferde / nicht die Tempel, sondern die Mädchen / nicht die Statuen, sondern die Töchter.

3. **a)** Das Mädchen betrachtet die Pferde lange, denn es liebt Pferde. → 3. richtige Übersetzung (1. Puella equos diu spectant …: Fehler liegt im Plural; 2. Puellae equos diu spectat, nam equos amant: Fehler liegen im Plural.) – **b)** Warum berühren die Mädchen die Pferde nicht? → 2. richtige Übersetzung (1. Cur puellae equum non tangunt?: Fehler liegt im Singular; 3. Cur puellae equos non tangit?: Fehler liegt im Singular.)

4. **a)** Prädikat: petit / Subjekt: Nominativ turba / Objekt: Akkusativ forum; Übersetzung: Warum sucht die Menschenmenge das Forum auf? – **b)** Prädikat: sollicitant / Subjekt: Nominativ mercatores / Objekt: Akkusativ dominos; Übersetzung: Dort erregen die Händler die Herren. – **c)** Prädikat: spectant / Subjekt: Nominativ dominae / Objekt: Akkusativ ornamenta; Übersetzung: Unterdessen betrachten die Damen die Schmuckstücke. – **d)** Prädikat: sustinent / Subjekt: Nominativ senatores / Objekt: Akkusativ clamorem; Übersetzung: Die Senatoren ertragen das Geschrei nicht mehr.

6

1.

	Ablativ Singular	Ablativ Plural
consilium	consilio	consiliis
umerus	umero	umeris
turba	turba	turbis
populus	populo	populis
via	via	viis
negotium	negotio	negotiis

2. **Nominativ:** mercator, mercatores – senator, senatores – clamor, clamores – labor, labores – arbor, arbores – timor, timores
Akkusativ: mercatorem, mercatores – senatorem, senatores – clamorem, clamores – laborem, labores – arborem, arbores – timorem, timores
Ablativ: (cum) mercatore, (cum) mercatoribus – (cum) senatore, (cum) senatoribus – clamore, clamoribus – labore, laboribus – (in) arbore, (in) arboribus – timore, timoribus

3. Der Senator Titus eilt aus dem Wirtshaus zur Kurie. Er lacht immer noch und schreit. Innen halten die Senatoren Beratungen ab. Das Geschrei beunruhigt (nervt) die Senatoren. Sie ertragen den Lärm nicht mehr. Endlich ruft der Senator Aulus: „Titus, komm herbei und tritt ohne Geschrei ein, schweige und prüfe die Beschlüsse!“

4. **a)** Claudia cum amica ad forum descendit. (4) – **b)** Puellae ad equos accedunt. (1) – **c)** Amica in equo sedet. (5) – **d)** Nunc amica de equo descendit. (2) – **e)** Amica in via iacet. (3)

5. **a)** in arbore – **b)** in umero – **c)** sine consilio – **d)** cum mercatoribus – **e)** de arboribus – **f)** sine clamore – **g)** e templo – **h)** in viis

7

1. **a)** retinēre – studēre – parēre – monēre – timēre (In der e-Konjug. gehört das „e“ zum Wortstamm.)
b) reprehend-e-re – descend-e-re – depon-e-re – posc-e-re – quiesc-e-re (In der kons. Konjug. ist das „e“ ein Bindevokal.)
c) acced-e-re – debēre – compon-e-re – ridēre – tang-e-re – dimitt-e-re – prohibēre – sedēre

2. **timent:** timere, Angst haben, fürchten (time-) e-Konjug. – **poscit:** poscere, fordern, verlangen (posc-) kons. Konjug. – **servat:** servare, bewahren, retten (serva-) a-Konjug. – **accedunt:** accedere, herbeikommen, hinzukommen (acced-) kons. Konjug. – **clamant:** clamare, laut rufen, schreien (clama-) a-Konjug. – **tangunt:** tangere, berühren (tang-) kons. Konjug. – **gaudet:** gaudere, sich freuen (gaude-) e-Konjug.

3. Domina ad forum properat (forum petit). Ornamentum quaerit. Domina mercatorem quaerit. Itaque interrogat (quaerit): „Ubi mercator est?“ Nunc mercatorem vocare non iam dubitat. Subito dominus accedit. Dominam non prohibet ornamenta emere.

4. **Ablativ des Mittels und des Grundes: a)** auro et argento alliciunt / sie locken mit Gold und Silber an – **b)** verbis salutant / sie grüßen mit Worten – **c)** verbis gaudet / sie freut sich über die Worte – **d)** clamore sollicitat / er beunruhigt durch sein Geschrei – **e)** verbis monet / sie ermahnt durch Worte – **f)** verbis et auxilio gaudet / er freut sich über die Worte und die Hilfe.
Präpositionalausdrücke mit Ablativ: a) Vibidia Vestalis cum lictore accedit. / Die Vestalin Vibidia kommt mit einem Liktor herbei. – **b)** (Vibidia Vestalis) in templo esse debet. / (Die Vestalin Vibidia) muss im Tempel sein. – **c)** (Vibidia Vestalis) flammas in ara servat. / (Die Vestalin Vibidia) hütet (bewahrt) das Feuer (die Flammen) auf dem Altar. – **d)** Vibidia Vestalis servum a domino liberat. / Die Vestalin Vibidia befreit den Sklaven von seinem Herrn. – **e)** (Servus) gaudet et sine timore domum properat. / (Der Sklave) freut sich und eilt ohne Angst nach Hause. – **f)** Vesta dea servos ab iniuriis servat. / Die Göttin Vesta bewahrt Sklaven vor Unrecht (*Pl.* Ungerechtigkeiten).

8

1. **a-Konjug.:** cesso, delectas, dubitat, paramus, desideratis, donant – **e-Konjug.:** habeo, debes, sustinet, ridemus, paretis, placent – **kons. Konjug.:** quiesco, poscis, tangit, quaerimus, emitis, agunt

2. **quaero** – quaerit – quaerunt – quaerimus – quaeritis – quaeris / **clamat** – clamant – clamatis – clamas – clamo – clamamus / **debemus** – debeo – debet – debent – debetis – debes

3. **a)** ornamentum emo, ornamenta emimus / Wir kaufen Schmuckstücke. – **b)** in templis estis, in templo es / Du bist im Tempel. – **c)** pretium quaeris, pretia quaeritis / Ihr fragt nach den Preisen. – **d)** monumenta spectamus, monumentum specto / Ich betrachte das Denkmal. – **e)** in taberna sum, in tabernis sumus / Wir sind in den Wirtshäusern. – **f)** amicum monet, amicos monent / Sie ermahnen die Freunde. – **g)** servos vocatis, servum vocas / Du rufst den Sklaven. – **h)** amici adsunt, amicus adest / Der Freund ist da. – **i)** auxiliis gaudetis, auxilio gaudes / Du freust dich über die Hilfe.

4. **a)** Amici amicam donis delectare parant. Aulum mercatorem quaerunt: „Ubi Aulus laborat?" Denique pretium e mercatore quaerunt. Amici ornamenta parant. – **b)** Corinna kommt zu dem Kaufmann (hinzu): „Sei gegrüßt, Titus! Ich habe vor, eine Kette zu kaufen. Ich habe nämlich Geld. Ich zögere nicht, über den Preis zu verhandeln. Warum ordnest du die Schmuckstücke?" Titus: „Ich ordne die Schmuckstücke, weil ich die Kette vermisse. Ich verhandle nicht über den Preis, weil ich die Kette nicht mehr habe."

9

1. **audire** – audio – audiunt / **sentire** – sentio – sentiunt / **scire** – scio – sciunt / **venire** – venio – veniunt

2. **audire et videre:** audio et video, audis et vides, audit et videt, audimus et videmus, auditis et videtis, audiunt et vident – **reprehendere et monere:** reprehendo et moneo, reprehendis et mones, reprehendit et monet, reprehendimus et monemus, reprehenditis et monetis, reprehendunt et monent – **petere et dare:** peto et do, petis et das, petit et dat, petimus et damus, petitis et datis, petunt et dant

3. Markus und Claudia hören Geschrei. Deshalb rufen sie den Sklaven Xanthippus: „Xanthippus, wir steigen in die Subura hinab, wir besichtigen die Subura. Lege deine Angst ab; denn wir kennen sowohl den Weg als auch die Gefahren."
Während Markus und Claudia lachen und schreien, zögert Xanthippus ein wenig und schweigt. Dann fragt er: „Was sucht ihr in der Subura? Ihr habt kein Geld. Claudia, was willst du in der Subura haben? Markus, warum steigst du in die Subura hinab? Nehmt ihr die Gefahren etwa nicht wahr?"
Claudia: „Ich suche ein Geschenk; denn ich erfreue meine Freundin durch ein Geschenk."
Markus: „Ich eile zu meinen Freunden. Die Freunde haben Geld, weil sie in den Läden (Wirtshäusern) arbeiten."

4. **a-Konjugation:** oro, servas, clamat, dubitamus, paratis, laborant – **e-Konjugation:** sustineo, prohibes, timet, paremus, monetis, debent – **kons. Konjugation:** quaero, poscis, quiescit, deponimus, agitis, appetunt – **ī-Konjugation:** venio, sentis, scit, venimus, auditis, sentiunt

10

1. **Dativ Sg.:** comiti, feminae, verbo, amico – **Dativ Pl.:** comitibus, feminis, verbis, amicis – **Dativ Sg.:** arbori, voci, seni, custodi – **Dativ Pl.:** arboribus, vocibus, senibus, custodibus

2. **a)** Filiae statuae placent. filiae = Dat. Sg.; statuae = Nom. Pl. / Der Tochter gefallen die Statuen. – **b)** Puellae dominae parent. puellae = Nom. Pl.; dominae = Dat. Sg. / Die Mädchen gehorchen der Herrin. (Nicht sinnvoll: puellae = Dat. Sg.; dominae = Nom. Pl. / Die Damen gehorchen dem Mädchen.) – **c)** Amicae filio et filiae dona dant. amicae = Nom. Pl.; filio = Dat. Sg.; filiae = Dat. Sg.; dona = Akk. Pl. / Die Freundinnen geben dem Sohn und der Tochter Geschenke. – **d)** Filia dono non gaudet. filia = Nom. Sg.; dono = Abl. Sg. / Die Tochter freut sich nicht über das Geschenk. – **e)** Ornamenta puellae non placent. ornamenta = Nom. Pl.; puellae = Dat. Sg. / Die Schmuckstücke gefallen dem Mädchen nicht. – **f)** Puella cum amica in via ludit. puella = Nom. Sg.; amica = Abl. Sg.; via = Abl. Sg. / Das Mädchen spielt mit der Freundin auf der Straße.

3. **a)** Vocem audio. Ich höre eine Stimme. / Voces audimus. Wir hören Stimmen. – **b)** Senex adest. Der alte Mann ist da. / Senes adsunt. Die alten Männer sind da. – **c)** Nonne periculum sentis? Fühlst du die Gefahr nicht? / Nonne pericula sentitis? Fühlt ihr die Gefahren nicht? – **d)** Dominus filio monumentum ostendit. Der Herr zeigt dem Sohn das Denkmal. / Domini filiis monumenta ostendunt. Die Herren zeigen den Söhnen die Denkmäler. – **e)** In templum venio. Ich komme in den Tempel. / In templa venimus. Wir kommen in die Tempel.

4. **Dativobjekte:** den Göttern, den Göttern, den Römern, comitibus – **a)** Capitolium amamus. Deis templa aedificamus. In templis deos colimus. Romani deis statuas et simulacra donant. Dei Romanis auxilium promittunt. – **b)** Die Götter sind unsere Begleiter. Deshalb danken wir den Begleitern.

11

1. **a)** Xanthippus in culina est, nunc Syrus accedit: – **b)** „A, hic *te* invenio. – **c)** Veni *mecum*! – **d)** *Ego* cibos paro, *tu mihi* ades." – **e)** Sed Xanthippus: „Cur *ego tibi* adesse debeo? – **f)** Audi! Dominus *nos* vocat." – **g)** Dum Xanthippus discedit, Syrus clamat: – **h)** „Balbe, Flave! Adeste *nobis*! – **i)** Ubi *vos* estis? – **j)** A, hic *vos* invenio." – **k)** Balbus: „Syre, veni *nobiscum*! – **l)** Non dominus, sed Xanthippus *me* semper reprehendit. – **m)** *Me* ridere non oportet."

2. z. B.: **a)** 1. Ego donis gaudeo, et tu? 2. Ego ornamento gaudeo, et tu? 3. Ego non modo pecunia, sed etiam auxilio gaudeo, et tu? (*oder:* 4. Ego neque auro neque argento gaudeo.) – **b)** 1. Ego et clamorem et laborem reprehendo et vos? 2. Nos iniurias reprehendimus, et vos? 3. Nos pericula reprehendimus.

3. **plebem:** Stamm pleb-, Nom. Sg.: plebs *f*, Volk – **furibus:** fur-, Nom. Sg.: fur *m*, Dieb – **labores:** labor-, Nom. Sg.: labor *m*, Anstrengung – **puellas:** puell-, Nom. Sg.: puella *f*, Mädchen – **auro:** aur-, Nom. Sg.: aurum *n*, Gold – **senem:** sen-, Nom. Sg.: senex *m*, alter Mann – **arboribus:** arbor-, Nom. Sg.: arbor *f*, Baum – **pericula:** pericul-, Nom. Sg.: periculum *n*, Gefahr – **voce:** voc-, Nom. Sg.: vox *f*, Stimme

4. **a)** Syra villam intrat et interrogat: „Ubi tu es, Corinna? Domina te quaerit et (te) vocat. Propera, Corinna!" Corinna: „Ego iam adsum. Syra, veni mecum!" – Syra: „Ego tecum non venio. Nonne tu vocem audis? Domina nos vocat." – Corinna: „Ego dominam timeo. Me semper reprehendit." – Syra: „Tu parere debes. Dominus et domina hospites exspectant." – **b)** Corinna: „Hilf mir, bitte! Versprich mir deine Hilfe! Ich danke dir. Jetzt eile ich mit dir in die Küche. Wir bereiten die Speisen vor. Wir erfreuen die Herrin, den Herren und die Gäste durch Speisen." – Die Herrin: „Corinna, Syra! Wo seid ihr? Die Gäste sind bald da. Ihr müsst mir helfen. Beeilt euch! Die Gäste sehnen sich danach, im Schatten zu sein. Sie ertragen die Sonne nicht. Sie wollen Wasser und Wein haben. Bringt deshalb Gefäße!"

W2

1. **labores** Nom. / Akk. Pl.; laboribus Dat. / Abl. Pl.; laboro; labore Abl. Sg.; labori Dat. Sg. – **donis** Dat. / Abl. Pl.; donum Nom. / Akk. Sg.; dono Dat. / Abl. Sg.; dona Nom. / Akk. Pl.; donas – **voces** Nom. / Akk. Pl.; vocibus Dat. / Abl. Pl.; voca; vocem Akk. Sg.; voce Abl. Sg. – **clamore** Abl. Sg.; clamare; clamorem Akk. Sg.; clamori Dat. Sg.; clamores Nom. / Akk. Pl. – **portae** Gen. Sg. / Dat. Sg. / Nom. Pl.; portis Dat. / Abl. Pl.; portam Akk. Sg.; portas Akk. Pl.; portat – **pello**; pes Nom. Sg.; populo Dat. / Abl. Sg.; plebe Abl. Sg.; pedem Akk. Sg.

2. **a)** Ibi (Adverb) domina (S) cum amicis (Adverbiale / Abl.) ad templa (Adverbiale / Akk.) descendit (P). – **b)** Procul (Adv.) servi (S) frumentum (O) ad forum (Adverbiale / Akk.) portant (P). – **c)** In foris (Adverbiale / Abl.) mercatores (S) cum dominis (Adverbiale / Abl.) de pretio (Adverbiale / Abl.) agunt (P). – **d)** Subito (Adv.) dominae (S) furem (O) in via (Adverbiale / Abl.) vident (P). – **e)** Fur (S) ornamenta (O) deponit (P); mercatores (S) furem (O) pellunt (P), sed dominae (S) furi (O) veniam (O) dant (P).
Fehlerverbesserung: a) Dort steigt eine Dame mit ihren Freundinnen zu den Tempeln hinab. – **b)** In der Ferne tragen Sklaven Getreide zum Marktplatz. – **c)** Auf den Marktplätzen verhandeln die Kaufleute mit den Damen über die Preise. – **d)** Plötzlich sehen die Damen einen Dieb auf der Straße. – **e)** Der Dieb legt die Schmuckstücke nieder; die Händler vertreiben den Dieb, aber die Damen verzeihen dem Dieb.

3. **a)** CUM, DUM, SUM, TUM – **b)** PARES, PARAS – **c)** DONIS, DONAS – **d)** AGO, EGO – **e)** UBI, IBI – **f)** AMO, EMO – **g)** QUIS, QUID, QUIA – **h)** CUR, FUR – **i)** CADO, LUDO, MODO

4. **a)** Sextus: „Ich betrete jetzt den Tempel. Was treibt ihr?" – **b)** Claudia: „Ich muss jetzt nach Hause gehen (eilen) und eine Mahlzeit vorbereiten. Ich erwarte nämlich eine Freundin." – **c)** Paulina: „Wenn du nach Hause gehst (eilst), Claudia, gehe (eile) ich mit dir nach Hause. Denn ich ertrage das Gedränge (die Menschenmenge) nicht mehr." – **d)** Markus: „Ich jedenfalls° halte euch nicht zurück. Ihr handelt richtig und gut. Ich kaufe jetzt Rotbarben (**mullus**) und bereite mit dir, Claudia, die Mahlzeit vor."

12

1. Die fettgedruckten Substantive können mit Substantiven gleicher Endungen getauscht werden.

	a-Dekl.	o-Dekl. *m*	o-Dekl. *n*	kons. Dekl.
Nom. Sg.	**natura**	populus	**vitium**	custos
Gen. Sg.	**aurae**	**avi**	simulacri	comitis
Dat. Sg.	**epistulae**	**marito**	**vino**	soli
Akk. Sg.	aquam	locum	**furtum**	necem
Abl. Sg.	**silva**	**umero**	**dono**	voce
Nom. Pl.	**flammae**	**vici**	**auxilia**	**custodes**
Gen. Pl.	feminarum	dominorum	verborum	senum
Dat. Pl.	**epistulis**	**muris**	**templis**	**pedibus**
Akk. Pl.	amicas	filios	**dona**	**voces**
Abl. Pl.	**villis**	**amicis**	**verbis**	**hospitibus**

2. **a)** epistulae, epistularum – **b)** vici, vicorum – **c)** pedis, pedum – **d)** hospitis, hospitum – **e)** vitii, vitiorum – **f)** vocis, vocum

3. **a)** Clamor mercatorum senatores non sollicitat. Das Geschrei der Händler beunruhigt die Senatoren nicht. – **b)** Puellae umbram arborum desiderant. Die Mädchen sehnen sich nach dem Schatten der Bäume. – **c)** Populus templa deorum spectat. Das Volk betrachtet die Tempel der Götter. – **d)** Epistula amicae puellam delectat. Der Brief der Freundin erfreut das Mädchen. – **e)** Dominus vitia servorum reprehendit. Der Herr kritisiert die Fehler der Sklaven.

13

1. **a)** dominus – **b)** urbs – **c)** puer – **d)** ager – **e)** senex – **f)** mons – **g)** fons – **h)** familiaris – **i)** vox – **j)** vinum – **k)** vir – **l)** minister

2. **posse:** possunt, potes, possumus, possum – **audire:** audit, audiunt, audio, auditis – **quaerere:** quaero, quaerit, quaerimus, quaerunt

3. Avus pueros exspectat. Nox iam procedit, sed pueri nondum adsunt. Nox et tenebrae et avum et pueros sollicitant; liberi, ut avus scit, tenebras timent. Nunc avus pueros quaerit, sed pueros non invenit. Tandem pueri e tenebris procedunt. Timorem non deponunt. Avus pueros non reprehendit, sed gaudet, quia pueri tandem adsunt.

4. **a)** Pueri puellas arcessunt. Die Jungen rufen die Mädchen herbei. – **b)** Vir mercatores vocat. Der Mann ruft die Händler. – **c)** Senex liberis adest. Der alte Mann hilft den Kindern. – **d)** Feminae viris veniam dant. Die Frauen verzeihen den Männern.

5. **a)** Der Herr arbeitet im Landhaus. – **b)** Nun holt er die Diener und Sklaven herbei. – **c)** Der Sklave Seleukus kommt zu seinem Herrn (hinzu). – **d)** Er verspricht dem Herrn die Hilfe der Sklaven. – **e)** Deshalb schickt der Herr die Sklaven auf die Felder und in die Wälder. – **f)** Der Herr erlaubt den Sklaven nicht zu zögern. – **g)** Der Sklave Seleukus arbeitet gut. – **h)** Schließlich schickt der Herr den Sklaven Seleukus weg: „Ich danke dir, Seleukus. Ich entlasse dich. Jetzt bist du nicht mehr Sklave (... kein Sklave mehr)." – **i)** Der Sklave dankt dem Herrn ebenfalls und geht weg.

6. a) Hodie puellae et pueri in tecto laborare debent. Interrogant: „Cur semper laborare debemus?“ – b) Vasa invenire non possunt. Iterum interrogant: „Ubi vasa sunt? Vasa invenire non possumus.“ – c) Pater poscit: „Liberi, vasa quaerere debetis. Aquam sine vasis portare non possumus.“

14

1. a) viae antiquae – b) pueros laetos – c) custodum proborum – d) in arbore pulchra – e) laborem durum – f) senes laeti / laetos – g) mercatores miseri / miseros – h) media in urbe – i) pauca vitia – j) vir probus

2. **pauci** montes, viri, liberi (paucos K; paucas K / G) – cum comitibus, cum pueris, cum senibus **laetis** (laetos K; laeto N) – in urbe, in villa, in via **antiqua** (antiquo G; antiquis N)

3. a) Labores duri nonnullorum servorum liberis non placent. – b) Servus probus equos domini in agros ducit. – c) Nonnulli viri in via antiqua laborare debent. – d) Puella laeta monumenta antiqua amicae ostendit. – e) Barbara serva fabulas varias liberis narrat.

4. **amicus laetus** (Nom. Sg.), amici laeti, amico laeto, amicum laetum, cum amico laeto – **femina pulchra** (z. B. Abl. Sg.), femina pulchra, feminae pulchrae, feminae pulchrae, feminam pulchram – **parvi tecti** (Gen. Sg.), parvo tecto, parvum tectum, in parvo tecto, parvum tectum – **hospitem miserum** (Akk. Sg.), cum hospite misero, hospes miser, hospitis miseri, hospiti misero – **(cum) senatore probo** (Abl. Sg.), senator probus, senatoris probi, senatori probo, senatorem probum – **labores duros** (Akk. Pl.), laboribus duris, labores duri, laborum durorum, laboribus duris

5. a) Oft sind Sklaven auch tüchtige Handwerker. b) Der Handwerker Marcellus ist tüchtig. c) Viele Menschen sind unglücklich. d) Viele Sklaven sind unglückliche Menschen. e) Die Stadt Rom ist alt. f) Rom ist eine schöne Stadt.

15

1. **a-Konjug.:** oro, oras, orat, oramus, oratis, orant – **e-Konjug.:** video, vides, videt, videmus, videtis, vident – **i-Konjug.:** scio, scis, scit, scimus, scitis, sciunt – **kons. Konjug.:** ostendo, ostendis, ostendit, ostendimus, ostenditis, ostendunt – **kons. Konjug. mit i-Erweiterung:** cupio, cupis, cupit, cupimus, cupitis, cupiunt

2. **3. Pers. Sg.:** Haud raro tacere debet, raro tacere vult, numquam tacere potest. – **1. Pers.:** Haud raro tacere debeo, raro tacere volo, numquam tacere possum. – **Pl.:** Haud raro tacere debemus, raro tacere volumus, numquam tacere possumus. – **2. Pers.:** Haud raro tacere debetis, raro tacere vultis, numquam tacere potestis.

3. **condicionibus:** 3. Dekl. *f*, Gen.: condicionis, Akk.: condicionem – **crimina:** 3. Dekl. *n*, Gen.: criminis, Akk.: crimen – **saxorum:** o-Dekl. *n*, Gen.: saxi, Akk.: saxum – **causis:** a-Dekl. *f*, Gen.: causae, Akk.: causam – **boves:** 3. Dekl. *m*, Gen.: bovis, Akk.: bovem – **vulneri:** 3. Dekl. *n*, Gen.: vulneris, Akk.: vulnus – **onus:** 3. Dekl. *n*, Gen.: oneris, Akk.: onus – **vitium:** o-Dekl. *n*, Gen.: vitii, Akk.: vitium – **munere:** 3. Dekl. *n*, Gen.: muneris, Akk.: munus – **plebi:** 3. Dekl. *f*, Gen.: plebis, Akk.: plebem

4. a) Duras condiciones laboris sustinemus. – b) Multa facimus; munera varia sunt. – c) Boves curamus et magna onera portamus. – d) Mit unseren Körpern ertragen wir viele Arbeiten. – e) Die schlechten Arbeitsbedingungen fürchten wir nicht. – f) Wir übernehmen viele Lasten und Aufgaben. – g) Immer gehorchen wir den Worten der Herren, immer sind wir tüchtig. – h) Jetzt wollen wir die Ochsen und Pferde nach draußen führen und Wasser von der Quelle holen.

16

1. Puer, **a)** qui puellam videt, contentus est. – **b)** a quo auxilium petis, amicos exspectat. – **c)** cui fabulae placent, gaudet. – **d)** cuius avus agros vastos possidet, ad fontem ludit. – **e)** quem hic vides, ridet.
Übersetzung: Der Junge, **a)** der das Mädchen sieht, ist zufrieden. – **b)** von dem du Hilfe erbittest, erwartet seine Freunde. – **c)** dem die Geschichten gefallen, freut sich. – **d)** dessen Großvater riesige Felder besitzt, spielt an der Quelle. – **e)** den du hier siehst, lacht.
Plural: Pueri, **a)** qui (Nom. Pl.) puellam vident, contenti sunt. – **b)** a quibus auxilium petis, amicos exspectant. – **c)** quibus fabulae placent, gaudent. – **d)** quorum avus agros vastos possident, ad fontem ludunt. – **e)** quos hic vides, rident.

2. **a)** Ich begegne deinem Freund, du begegnest meinem Freund. – **b)** Wir begegnen euren Freunden, ihr begegnet unseren Freunden. – **c)** Ego tuum laborem laudo, tu meum laborem laudas. / Ich lobe deine Arbeit, du lobst meine Arbeit. – **d)** Vos mea verba auditis, ego vestra verba audio. / Ihr hört meine Worte, ich höre eure Worte. – **e)** Tu meum vulnus curas, ego tuum vulnus curo. / Du pflegst meine Wunde, ich pflege deine Wunde. – **f)** Nos vestro dono gaudemus, vos nostro dono gaudetis. / Wir freuen uns über euer Geschenk, ihr freut euch über unser Geschenk. – **g)** Vos mea vitia reprehenditis, ego vestra vitia reprehendo. / Ihr kritisiert meine Fehler, ich kritisiere eure Fehler.

3. **a)** Alii vitam miseram et duram agunt, alii vitam laetam et contentam agunt. – **b)** Alii multa onera suscipiunt, alii labores numquam suscipiunt. – **c)** Alii agros emunt et colunt, alii agros vendunt et relinquunt.

17

1. **vocabam** – vocabas – vocabat – vocabamus – vocabatis – vocabant / **parebam** – parebas – parebat – parebamus – parebatis – parebant / **veniebam** – veniebas – veniebat – veniebamus – veniebatis – veniebant / **agebam** – agebas – agebat – agebamus – agebatis – agebant / **cupiebam** – cupiebas – cupiebat – cupiebamus – cupiebatis – cupiebant / **poteram** – poteras – poterat – poteramus – poteratis – poterant / **volebam** – volebas – volebat – volebamus – volebatis – volebant

2. **252** audiebas: du hörtest – **521** videtis: ihr seht – **432** discedebamus: wir gingen weg – **441** volumus: wir wollen – **612** salutabant: sie grüßten – **162** cupiebam: ich wünschte

3. **a)** Die Senatoren hielten viele Stunden lang in der Kurie Beratungen ab, die Händler gingen auf dem Forum ihren Geschäften nach. – **b)** Die einen Händler ordneten die Schmuckstücke, die anderen trugen Gefäße. – **c)** Manchmal kamen die Leute zu den Geschäften hinzu, manchmal gingen sie vom Marktplatz weg. – **d)** Oft verhandelten Männer und Frauen mit den Händlern über die Preise. – **e)** Einige Kinder lachten, schrien und hielten die Händler von der Arbeit ab. – **f)** Sowohl die Händler als auch die Herren waren zufrieden: Die Händler freuten sich über die guten Bedingungen, die Stimmen der zufriedenen Händler erfreuten die Herren.

W3

1. arcessebant – vendebam – poteramus – imperabam – ardebat – faciebamus – tenebatis – resistebam – ignorabas – cupiebat

2. **a)** Laudo hominem, **quem** multi amici amant. / **qui** seni adest. / **cuius** auxilio senex vitam contentam agit. – **b)** Moneo amicam, **quae** mihi crimina mala facit. / **cuius** crimina me violant. / **quam** mea condicio mala non sollicitat. – **Plural: a)** Laudo homines, **quos** multi amici amant. / **qui** seni adsunt. / **quorum** auxilio senex vitam beatam agit. – **b)** Moneo amicas, **quae** mihi crimina mala faciunt. / **quarum** crimina me violant. / **quas** mea condicio mala non sollicitat.

3. **a)** Quintus … – **b)** Nonne …? – **c)** Ubi …? – **d)** Venite … – **e)** Dum …

4. **a)** 583483 – 63286: LUDITE MECUM – **b)** 346 – 867 – 23 – 366836 – 39773286: EGO VOS AD FONTEM EXSPECTO – **c)** 46 – 86272 – 2726786 – 73336: IN UMBRA ARBORUM SEDEO – **d)** 776737283: PROPERATE!

18

1. **vocare:** vocavi – vocavisti – vocavit – vocavimus – vocavistis – vocaverunt / **delere:** delevi – delevisti – delevit – delevimus – delevistis – deleverunt / **discedere:** discessi – discessisti – discessit – discessimus – discessistis – discesserunt / **tegere:** texi – texisti – texit – teximus – texistis – texerunt / **sentire:** sensi – sensisti – sensit – sensimus – sensistis – senserunt / **monere:** monui – monuisti – monuit – monuimus – monuistis – monuerunt / **esse:** fui – fuisti – fuit – fuimus – fuistis – fuerunt / **posse:** potui – potuisti – potuit – potuimus – potuistis – potuerunt / **velle:** volui – voluisti – voluit – voluimus – voluistis – voluerunt

2. deleverunt – potuimus – sensisti – imperavi – voluit – decesserunt – tenuistis – exstinxi – ignoravisti – fuistis

3. **a)** Ich bin mit meinem Freund auf dem Landgut des Großvaters gewesen. – **b)** Wir haben die Rufe der Menschen gehört, die Flammen in den Straßen gesehen (betrachtet). – **c)** Einige Häuser brannten schon viele Stunden lang (stundenlang). – **d)** Die Flammen und die Aschemassen töteten viele Menschen, die der Katastrophe entkommen wollten. – **e)** Sofort sind wir aus dem Landhaus weggegangen und an das Meer geflüchtet. – **f)** Wenig später haben die Flammen auch unser Landhaus vernichtet.

19

1. **a)** In viis **angustis** feminas **tristes**, viros **fortes**, homines **miseros** cognovi. – Auf den engen Straßen habe ich traurige Frauen, tapfere Männer, unglückliche Menschen erkannt. – **b)** Ibi etiam **magnas** voces, suspiciones **malas**, crimina **turpia** audivi. – Dort habe ich auch laute Stimmen, schlimme Verdächtigungen und schändliche Vorwürfe gehört. – **c)** Puellae **fortes** et pueri **fortes**, **omnes** liberi noctem **atram** et pericula **similia** timent. – Tapfere Mädchen und tapfere Jungen, alle Kinder fürchten die schwarze (finstere) Nacht und ähnliche Gefahren.

2. **ac-cedere** → accedit: er (sie, es) kommt herbei (hinzu) – **pro-cedere** → procedit: er geht (rückt) vor – **de-cedere** → decedit: er geht weg, stirbt – **dis-cedere** → discedit: er geht weg – **pro-mittere** → promittit: er verspricht – **di-mittere** → dimittit: er gibt auf, entlässt, schickt weg – **per-mittere** → permittit: er erlaubt, überlässt

3. **a)** Periculum iam adest (Präs.). Die Gefahr ist schon da. – **b)** Vesuvius oppida delevit (Perf.). Der Vesuv hat die Städte zerstört. – **c)** Plinius naturam montis e loco opportuno spectabat (Impf.). Plinius betrachtete die Beschaffenheit des Berges von einem günstigen Platz aus. – **d)** In periculo fuit (Perf.). Er war in Gefahr. – **e)** Comites navem parare iussit (Perf.). Er hat den Begleitern befohlen, ein Schiff vorzubereiten (startklar zu machen). – **f)** Magnam classem regit (Präs.). Er leitet eine große Flotte. – **g)** Cinis aedificia texit (Perf.). Asche hat die Gebäude bedeckt. – **h)** In litore periculum nondum aderat (Impf.). An der Küste war die Gefahr noch nicht da.

4. *quod* – quo – qua – cui – quibus – quae – quae – qui – quem – quos – quorum – cuius – cui – quo – quibus – quibus – quibus – quae – *quod*

20

1. **v-Perfekt:** audivisse, petivisse, vocavisse, delevisse, cognovisse, quievisse – **u-Perfekt:** potuisse, fuisse, habuisse, voluisse – **s-Perfekt:** exstinxisse, vixisse, rexisse, iussisse, discessisse

2. Mercatores cupiunt ... **a)** negotia bona habere / habuisse. – **b)** multas dominas cognoscere / cognovisse. – **c)** omnes homines delectare / delectavisse. – **d)** multa ornamenta vendere / pauca ornamenta possidere.

3. **a)** Mercatores clamant magnam calamitatem multas villas delevisse. Die Kaufleute rufen, dass ein großes Unglück viele Landhäuser zerstört hat. – **b)** Mercator narrat cinerem aedificia oppidi texisse. Ein Kaufmann erzählt, dass Asche die Gebäude der Stadt bedeckt hat. – **c)** Homines ignorabant Vesuvium montem tam saevum esse. Die Menschen wussten nicht, dass der (Berg) Vesuv so schrecklich (wild) ist. – **d)** Nuntii narrant feminas et senes, pueros puellasque clamavisse. Boten erzählen, dass Frauen und alte Männer, Jungen und Mädchen geschrien haben. – **e)** Tum multi existimabant deos calamitate homines terrere voluisse. Damals glaubten viele, dass die Götter die Menschen durch das Unglück erschrecken wollten.

21

1. Zum Beispiel:

	v-Perfekt	u-Perfekt	s-Perfekt	Dehnungsperfekt	Reduplikationsperfekt	Perfekt ohne Stammveränderung
a-Konjug.	**amavisse**	–	–	–	**stetisse**	–
e-Konjug.	**delevisse**	**monuisse**	**mansisse**	**vidisse**	–	–
i-Konjug.	**audivisse**	–	**sensisse**	**venisse**	**repperisse**	–
kons.Konjug.	**cognovisse**	–	**lusisse**	**vicisse**	**cucurrisse**	**descendisse**
kons.Konjug. (i-Erweiterung)	**cupivisse**	–	**aspexisse**	**fecisse**	–	–

2. **a)** In urbibus antiquis tecta haud raro ardebant. – **b)** Sed in nostra urbe multos annos nullum incendium vidimus / oder: incendium non vidimus. – **c)** Etiam tectum Quinti flammae adhuc numquam tetigerunt. – **d)** In vico angusto urbis pulchrae liberi ludebant. – **e)** Paulo post flammas aspexerunt. – **f)** Flammae paucas horas ardebant. – **g)** Viri fortes flammas exstinxerunt.

3. **1.** Scimus (c) Plinium omnem naturam cognoscere voluisse. – **2.** Plinius vidit (d) multos homines ad litus descendisse. – **3.** Plinius cognovit (b) servos periculum sensisse. – **4.** Lucius Epillius narrat (f) homines periculum effugere non potuisse. – **5.** Constat (e) Plinium amicos servare studuisse. – **6.** Amici existimabant (a) Plinium quievisse.

22

1. is – eos – eas – quas – quibus – cui – ei – ei – id – ea – eis / iis – quibus – quo – eo – id – eum – quem

2. iis navibus – id studium – ea litora – eo tempore – eos gladiatores – eum libellum – eo signo – eam mentem – eius hominis

3. **a)** „Mea mater (A) amicae (C) sepulcrum (D) familiae (E) ostendit (B) quod extra oppidum (F) erat (B). – **b)** Ego (A) cum patre (F) in oppido (F) manebam (B). – **c)** Extra villam (F) sedebamus (B). – **d)** Servi (A) cenam (D) parabant (B). – **e)** Matrem (D) et amicam (D) exspectabamus (B). – **f)** Subito nuntius (A) accessit (B) et contendit (B) cinerem (G) iam nonnulla aedificia (D) texisse (H) et delevisse (H). – **g)** ‚Relinquite (I) oppidum (D)! Currite (I) ad litus (F) !' – **h)** In viis angustis (F) multis hominibus (C) occurrimus (B). – **i)** Tum nubem atram (D) super Vesuvium montem (F) vidimus (B). – **j)** Nos (A) quoque eam calamitatem (D) timuimus (B)."

Übersetzung: **a)** „Meine Mutter zeigte der Freundin das Grabmal der Familie, welches außerhalb der Stadt lag. – **b)** Ich blieb mit meinem Vater in der Stadt. – **c)** Wir saßen außerhalb des Hauses. – **d)** Die Sklaven bereiteten eine Mahlzeit. – **e)** Wir erwarteten die Mutter und ihre Freundin. – **f)** Plötzlich kam ein Bote heran und behauptete, dass die Asche schon einige Gebäude bedeckt und zerstört habe. – **g)** ‚Verlasst die Stadt! Lauft zur Küste!' – **h)** Auf den engen Wegen begegneten wir vielen Menschen. – **i)** Dann sahen wir die schwarze Wolke über dem Vesuv."

4. Ii homines, qui vitam extra urbem agere cupiunt, urbem relinquunt. – Is homo, qui vitam extra urbem agere cupit, urbem relinquit. Diejenigen Menschen, die außerhalb der Stadt leben wollen, verlassen die Stadt. – Derjenige Mensch, der außerhalb der Stadt leben will, verlässt die Stadt.

23

1. **a)** Gladiatores eam arenam intrant. – **b)** Das Volk kennt ihre / deren Namen gut. – **c)** Gladiatores multa pericula suscipiunt. – **d)** Mitten auf dem Kampfplatz begegnen sich die Gladiatoren. – **e)** Nunc se non movent. – **f)** Plötzlich greift der eine den anderen an. – **g)** Gladiator se gladio suo defendit. – **h)** Alle Gladiatoren verteidigen sich mit ihren Waffen. – **i)** Quis se servare potest?

2. **a)** Omnes pueri putant se fortes esse. – **b)** Omnes puellae sentiunt se pulchras esse. – **c)** Pueri dicunt eas pulchras non esse. – **d)** Puellae contendunt eos fortes non esse.

3. **SEX SENES SUB SOLE SEDEBANT.** Sechs alte Männer saßen unter der Sonne. – **SUBITO SENSERUNT STATUAM SENATOREM SOLLICITARE.** Plötzlich nahmen

sie wahr, dass eine Statue einen Senator beunruhigt. – **SENATOR SAEVUS SCIT SE SUAM STATUAM SPECTARE.** Der wütende Senator weiß, dass er seine (eigene) Statue betrachtet. – **CONSTAT SERVOS STATUAM DELEVISSE.** Es steht fest, dass Sklaven die Statue zerstört (umgestürzt) haben.

4. **a)** apud patrem – **b)** de eo tecto – **c)** sine armis – **d)** post eum murum – **e)** extra urbem – **f)** unus ex iis amicis – **g)** ab eo homine – **h)** per eas vias

W4

1. **a)** Ich wollte mit dir die Stadt verlassen. – **b)** Wir sind zur Küste geeilt. – **c)** Wir haben im Sand der Küste gespielt. – **d)** Viele Menschen schliefen am Strand. – **e)** Wir haben ein kleines Schiff erblickt. – **f)** In der Ferne ist die Sonne untergegangen.

2. **videre** – video – videbam – vidi – vidimus – viderunt – videbant – vident – videtis – vidistis / **discere** – disco – discebam – didici – didicimus – didicerunt – discebant – discunt – discitis – didicistis / **reperire** – reperio – reperiebam – repperi – repperimus – reppererunt – reperiebant – reperiunt – reperitis – repperistis / **adesse** – adsum – aderam – adfui – adfuimus – adfuerunt – aderant – adsunt – adestis – adfuistis / **tangere** – tango – tangebam – tetigi – tetigimus – tetigerunt – tangebant – tangunt – tangitis – tetigistis / **temptare** – tempto – temptabam – temptavi – temptavimus – temptaverunt – temptabant – temptant – temptatis – temptavistis / **dicere** – dico – dicebam – dixi – diximus – dixerunt – dicebant – dicunt – dicitis – dixistis

3. **a)** Warum geht die Sonne unter? Warum bewegt sich die Erde? – **b)** Ich begreife diese Ursachen nicht. – **c)** Ich will diese Ursachen kennen lernen. – **d)** Ich überlege lange. – **e)** Eine Freundin erklärt mir die Ursachen. – **f)** Trotzdem verstehe ich die Ursachen nicht. – **g)** Endlich erklärt mir FELIX die Ursachen. – **h)** Jetzt weiß ich alles. Jetzt kenne ich die Ursachen genau. – **i)** Ich (be)halte diese Sätze immer im Gedächtnis.

4. **346** EGO – **666** NON – **64553** MILLE – **7368368427** SENTENTIAS – **34726** DISCO

5. **aberant** → absum → **colitis** → colo – **onera** → onus → **hominum** → homo – **pedibus** → pes – **auditis** → audio – **corporibus** → corpus – **vultis** → volo – **poteramus** → possum – **faciebant** → facio – **alebat** → alo – **senum** → senex

6. teximus – sentimus (T) – salutavo (P) – salutis (W) – promittis (T) – voluistis – geritis (T) – poterant (T) – potuerunt – audivisti – saevi (W) – scivi – decessit – delevi – habuimus

24

1. **a)** Während ich lerne (Zeitverhältnis: temporal), ruhst du. – **b)** Ich lerne vieles, weil ich vielfältige Beschäftigungen liebe (Grund: kausal). – **c)** Wenn ich vieles lerne (Bedingung: konditional), lerne ich viele Fertigkeiten / Eigenschaften kennen. – **d)** Wenn ich nicht lerne (Bedingung: konditional), ruht mein Geist. – **e)** Und du? Lernst du etwa nicht wenige Stunden lang, nachdem du lange geschlafen hast? (Zeitverhältnis: temporal) – **f)** Obwohl du viele Stunden lang gelernt hast (Einschränkung: konzessiv), begreifst du nichts, verstehst du nichts und weißt du nichts.
temporal: dum, postquam – **kausal:** quia – **konzessiv:** quamquam – **konditional:** si, nisi

2. **a)** H.: Was hast du? – P.: Ich besitze viele Güter. – **b)** H.: Hat deine Mutter schöne Schmuckstücke? – P.: Meine Mutter besitzt schöne Schmuckstücke. – E.: Meae matri ornamenta pulchra non sunt. – **c)** H.: Hast du viele Schiffe? – P.: Ich besitze viele Schiffe. – E.: Mihi multae naves non sunt.

3. **a)** Senex vitam miseram in vico parvo agit; **neque tamen** vicum relinquit. / Der alte Mann führt ein armes Leben in einem kleinen Dorf; dennoch verlässt er das Dorf nicht. – **b)** Senex non iam laborare potuit, **quia** vulnus pedis eum a labore prohibuit. / Der alte Mann konnte nicht mehr arbeiten, weil eine Wunde am Fuß (eine Fußverletzung) ihn von der Arbeit abhielt. – **c)** **Quamquam** senex non multa habuit, pauca cupivit. / Obwohl der alte Mann nicht vieles hatte (besaß), wünschte er nur weniges. – **d)** Senex **neque** amicorum **neque** filii auxilium petivit. / Der alte Mann suchte (verlangte) weder die Hilfe der Freunde noch die seines Sohnes. – **e)** Nonnulli homines **non solum** malas suspiciones habuerunt, **sed etiam** crimina acerba seni fecerunt. / Einige Menschen hatten nicht nur schlimme Vermutungen, sondern machten dem alten Mann auch bittere Vorwürfe.

25

1. Primo quiesc**am**, tum labora**bo**. / Primo quiesc**es**, tum labora**bis**. / Primo quiesc**et**, tum labora**bit**. / Primo quiesc**emus**, tum labora**bimus**. / Primo quiesc**etis**, tum labora**bitis**. / Primo quiesc**ent**, tum labora**bunt**. Deinde libellum quaer**am** et inveni**am**. / Deinde libellum quaer**es** et inveni**es**. / Deinde libellum quaer**et** et inveni**et**. / Deinde libellum quaer**emus** et inveni**emus**. / Deinde libellum quaer**etis** et inveni**etis**. / Deinde libellum quaer**ent** et inveni**ent**.

2. facis – contendo – debet – descendunt – sumus – audimus – tangitis – alo – capit

3. **a)** Ich werde nicht nur die Erde und den Himmel, sondern auch die ganze Natur kennen lernen. – **b)** Ich werde den Vesuv von einem günstigen Ort aus betrachten. – **c)** Ich werde diesen Ort aufsuchen. – **d)** Die schwarze Wolke weckt (*wörtlich:* entflammt) mein Interesse. – **e)** Ich werde nicht zögern, die Freunde zu retten. – **f)** Ich werde den Freunden helfen.

4. **a)** Equum aedificabimus. – **b)** Equum ad urbem ducemus. – **c)** Troiani portas aperient. **d)** Equum mediam in urbem ducent. – **e)** Tenebris equum relinquemus. – **f)** Troianos temptabimus. – **g)** Urbem incendemus. – **h)** Troiam capiemus.

5. fleverunt – ceperunt – collegi – dixisti – abduxit: FELIX

26

1. **a)** onera ingentia / magna / omnia – **b)** victoriam celerem / felicem / pulchram / praeclaram / communem – **c)** vulneris acris / recentis / parvi – **d)** clamore ingenti / acri / magno / tristi

2. **a)** parcos, patres (S), potes (V) – **b)** nominibus (S), quibus (P), ingentibus, fontibus (S) – **c)** ages (V), acres, mittes (V), artes (S), ades (V), eas (P) – **d)** contentis, contendis (V), condis (V), capitis (S), capis (V)

3. regnum potens, equi celeris, voce acri, oneribus ingentibus, nuntium felicem, nomina similia, amicorum tristium

4. **a)** Dum sol ardet, multis hominibus placet in umbra somnum capere. / Dann brennt die Sonne, vielen Menschen gefällt es, im Schatten ein Gespräch zu nehmen. → Während die Sonne brennt, gefällt es vielen Menschen, im Schatten einen Schlaf zu nehmen / zu schlafen. – **b)** Aliis placebit post negotia in thermis paulum quiescere. / Den einen gefällt es, nach den Geschäften in der Nähe der Thermen zu ruhen. → Den einen wird es gefallen, nach den Geschäften in den Thermen ein wenig zu ruhen. – **c)** Aliis placebit ad fontem naturam et silvam et aquam spectare. / Den anderen gefiel es, bei einer Quelle die Natur, die Wälder und das Wasser zu betrachten. → Den anderen wird es gefallen, bei einer Quelle die Natur, den Wald und das Wasser zu betrachten. **d)** Tibi, ut scio, placuit sub arbore cum amicis ludere. / Dir gefiel es, wie wir wissen, unter den Bäumen mit den Freunden zu spielen. → Dir gefiel es, wie ich weiß, unter dem Baum mit den Freunden zu spielen.

W5

1. **corpus:** corporis – corpore – corpora / **nox:** noctis – nocte – noctes / **navis:** navis – nave – naves / **virgo:** virginis – virgine – virgines / **calamitas:** calamitatis – calamitate – calamitates / **turris:** turris – turri – turres / **nomen:** nominis – nomine – nomina / **iuvenis:** iuvenis – iuvene – iuvenes

2. **a)** Die Kinder eilen zu den Quellen, deren Wasser die Ochsen ernährt. / Liberi ad fontes properant (*oder*: fontes petunt), quorum aqua boves alit. – **b)** Die Kinder sehen einen Jungen, der Ochsen von den Feldern nach Hause treibt. / Liberi puerum vident, qui boves ab agris (*oder*: e agris) domum agitat. – **c)** Der Junge macht eine Arbeit, die der Großvater nicht mehr auf sich nehmen kann. / Puer laborem facit, quem avus suscipere non iam potest.

3. **a)** Tibi monumenta nobilia urbis Romae ostendam. – **b)** Multas horas in foro erimus. – **c)** Ibi monumenta pulchra videbitis. – **d)** E Capitolio Romam spectabitis. – **e)** Contentus ero, si Roma vobis placebit. – **f)** Denique in taberna vino et sermonibus gaudebimus.

4. **252** aperuisti: du hast geöffnet – **521** videbitis: ihr werdet sehen – **432** potuimus: wir haben gekonnt – **441** iubebimus: wir werden befehlen – **612** salutaverunt: sie haben gegrüßt – **162** duxi: ich habe geführt

5. **a)** Nachdem Äneas die Stimme seines Vaters gehört hatte, befahl er seinen° Begleitern: – **b)** „Lauft zur Küste und bereitet die Schiffe zum° Auslaufen° vor! – **c)** In Italien wird mich eine neue Ehefrau erwarten, mein Sohn wird die Stadt Alba Longa (er)bauen; wir werden eine neue Stadt in einer neuen Heimat haben und viele andere Städte gründen. – **d)** Unsere Nachkommen werden über° viele Völker herrschen und den Ruhm meiner Familie vermehren."

27

1. **a-Dekl.:** ira, victoria – **o-Dekl.** *m:* numerus, modus, annus – **o-Dekl.** *n:* arma, templum, vinculum, supplicium, iudicium – **u-Dekl.:** cursus, casus, manus – **3. Dekl.:** carmen, caput, soror, finis, mens, tempus, actio, multitudo, mater, rex, ars, hostis – **i-Stämme:** animal, moenia, mare, turris, vis (vires)

2. **a)** Ii casus homines sollicitaverunt. / Diese (Zu)Fälle haben die Menschen beunruhigt. – **b)** Cursibus celeribus amicos superabitis. / In schnellen Läufen (Rennen) werdet ihr die Freunde besiegen. – **c)** Manibus eas serpentes tetigimus. / Wir haben diese Schlangen mit unseren Händen berührt. – **d)** Carmina pulchra audivistis. / Ihr habt schöne Lieder gehört.

3. **concedere:** concedo, concedebam, concedam, concessi, concessero – **contendere:** contendimus, contendebamus, contendemus, contendimus, contenderimus – **capere:** capis, capiebas, capies, cepisti, ceperis – **aperire:** aperiunt, aperiebant, aperient, aperuerunt, aperuerint – **currere:** curritis, currebatis, curretis, cucurristis, cucurreritis – **temptare:** temptat, temptabat, temptabit, temptavit, temptaverit

4. **a)** Abl: in diesem Jahr – **b)** Akk.: viele Stunden lang – **c)** Abl.: nach kurzer Zeit, bald (darauf) – **d)** Abl.: in alten Zeiten – **e)** Akk.: wenige Jahre lang

5. **a)** Numitor: „Laetus sum; nam nepotes **meos** inveni. / Numitor: „Ich bin froh; denn ich habe meine Enkel gefunden. – **b)** Vos, Romule et Reme, matrem **vestram** brevi tempore videbitis. / Ihr, Romulus und Remus, werdet eure Mutter bald sehen. – **c)** Vita **vestra** diu misera erat. / Euer Leben war lange (Zeit) arm (unglücklich). – **d)** Amulius me, fratrem **suum**, opprimebat. / Amulius bedrohte mich, seinen eigenen Bruder. – **e)** Postea Faustulus pastor **vos** e Tiberi servavit. / Später hat euch der Hirte Faustulus aus dem Tiber gerettet. – **f)** **Cuius** uxor vos curavit et aluit. / Dessen Ehefrau hat euch gepflegt und großgezogen. – **g)** Nunc Amulium et milites **eius** vicistis. / Jetzt habt ihr Amulius und seine Soldaten besiegt. – **h)** Ecce! Omnes pastores et familiae **eorum** gaudent." / Seht! Alle Hirten und ihre Familien freuen sich."

28

1. **a)** res e-Dekl.: Nom. Sg. / Nom. Pl. / Akk. Pl. – **b)** mercatores 3. Dekl.: Nom. oder Akk. Pl. – **c)** ages kons. Konjug.: Futur – **d)** audies i-Konjug.: Futur – **e)** spes e-Dekl.: Nom. Sg. / Nom. Pl. / Akk. Pl. – **f)** sedes e-Konjug.: Präsens – **g)** tenes e-Konjug.: Präsens – **h)** dies e-Dekl.: Nom. Sg. / Nom. Pl. / Akk. Pl. – **i)** rides e-Konjug.: Präsens – **j)** pes 3. Dekl.: Nom. Sg. – **k)** fidem e-Dekl.: Akk. Sg. – **l)** pacem 3. Dekl.: Akk. Sg.

2. **IULIA:** „Meas res non invenio. Tune meas res repperisti?" – **CLAUDIA:** „Ego meas res curo, tu tuas res. Desine me torquere!" – **IULIA:** „Ostende mihi eas res, quas manibus tenes! Da mihi unam earum rerum, quas condis! Tu meas res rapuisti. Scisne pretium unius rei, quam rapuisti?" – **CLAUDIA:** „Nullam rem rapui, Iulia. Amica bona certe cunctas res cum amica sua dividit."
Übersetzung: **JULIA**: „Ich finde meine Sachen nicht. Hast du meine Sachen gefunden?" – **CLAUDIA**: „Ich sorge für meine Dinge, du (sorgst) für deine Dinge. Hör auf mich zu quälen!" – **JULIA**: „Zeige mir diese Dinge, die du in Händen hältst! Gib mir eine von den Sachen, die du versteckst! Du hast meine Sachen gestohlen. Kennst du den Wert einer (einzigen) Sache, die du gestohlen hast?" – **CLAUDIA**: „Ich habe keine (einzige) Sache gestohlen, Julia. Eine gute Freundin teilt sicherlich alle Sachen mit ihrer Freundin."

3. **a)** videram et audiveram: ich hatte gesehen und gehört – **b)** potuerat et voluerat: er hatte gekonnt und gewollt – **c)** aedificaverant et auxerant: sie hatten gebaut und vergrößert – **d)** desideraveramus et cupiveramus: wir hatten vermisst und gewünscht – **e)** responderas et promiseras: du hattest geantwortet und versprochen

4. Die Musen freuten sich, weil Apollo ... **a)** in schnellem Lauf zum Berg geeilt war. – **b)** große Anstrengungen ertragen hatte. –

c) mit der Pythonschlange gekämpft hatte. – d) die Schlange mit einem heftigen Angriff besiegt hatte. – e) omnes carminibus iuverat.

5. a) Iovi potenti placebat Prometheum torquere. / Der mächtige Jupiter beschloss, Prometheus zu quälen. – b) Iovis supplicium crudele erat. / Die Strafe des Jupiter war grausam. – c) Itaque Hercules homini misero et tristi adesse cupiebat. / Deshalb wollte Herkules dem armen und traurigen Menschen helfen. – d) Herculi difficile non erat Prometheum e periculo ingenti liberare. / Es war für Herkules (Dat.) nicht schwierig, Prometheus aus der gewaltigen Gefahr zu befreien.

29

1. regis → regeris, reperis → reperiris, reddis → redderis, rides → rideris, relinquis → relinqueris, reprehendis → reprehenderis, resistis → [Umwandlung ins Passiv nicht möglich], retines → retineris, rapis → raperis
2. timor (Angst, Furcht) und liberis (den Kindern) sind keine Passivformen.
   corripimini: ihr werdet ergriffen – violor: ich werde verletzt – vertuntur: sie werden gedreht – amittitur: er, sie, es wird verloren – timeor: ich werde gefürchtet – liberaris: du wirst befreit – laudari: gelobt zu werden

3. a) Conspectu litoris vasti delector. – b) Insula undique undis circumdatur. – c) Equus saevus a liberis retinetur.

4. a) Die Vestalinnen sind Dienerinnen der Göttin Vesta, in deren Tempel sie die Flammen bewahren.
   Solange nämlich das Feuer nicht ausgelöscht wird, wissen wir, dass die Göttin den Römern hilft.
   Als ich ein Mädchen von zehn Jahren war, habe ich das Haus der Vestalinnen betreten. Wir müssen weder Vätern noch Ehemännern gehorchen; aber es ist nicht leicht, das ganze Leben der Göttin zu widmen. Immer wenn wir nicht richtig handeln, werden wir heftig bestraft (mit einer heftigen Strafe versehen).
   Weil wir vom Volk geliebt werden, zögert niemand, mich mit frohen Worten zu begrüßen, wenn ich auf den Straßen von den Liktoren begleitet (geführt) werde. Die Menschen werden, wenn sie von Vestalinnen Hilfe (er)bitten, immer von uns geschützt. Wenn mir ein Verbrecher begegnet, wird er von der Strafe befreit. Niemand wird traurig (mit trauriger Gesinnung) weggeschickt. Wir freuen uns über das glückliche Leben der Menschen.

   b) Alle Angelegenheiten werden von meinem Ehemann entschieden. Ich herrsche über das Haus und die Sklaven. Auch für die Kinder muss ich sorgen. Ich danke den Göttern, wenn die Kinder gesund sind. Von der Frau eines Senators werden auch Speisen und Kleider bereitet. Manchmal werde ich von Freunden zum Essen eingeladen, manchmal besuche ich mit meinem Ehemann ein Theater.
   Dieser geht immer nur° seinen Geschäften nach. Nachdem die Sklaven ihn mit der Sänfte zur Kurie gebracht haben, werden von ihm viele Beratungen abgehalten. Immer wenn ich verlange: „Höre auf, so viele Geschäfte auf dich zu nehmen", wird er zornig (von Zorn bewegt). Er (er)mahnt mich: „Du wirst nicht nur von Anstrengungen ferngehalten, sondern du wirst auch von mir mit Geschenken erfreut, weil ich nicht zögere, Belastungen und Aufgaben standzuhalten. Es ist nicht notwendig, dass du meine Geschäfte kritisierst."

   c) Ich besitze ein Wirtshaus, wo Speisen und gute Weine von meinen Gästen bestellt (erstrebt) werden. Diese sind meist anständig; wenn sie aber kein Geld haben, werden sie sofort weggeschickt. Obwohl ich oft schlechte Arbeitsbedingungen auf mich nehmen muss, freue ich mich über mein Leben. Ich habe nämlich keinen Ehemann, von dem ich immer getadelt werde.
   Nicht selten, wie ihr wisst, haben Diebe meine Sachen zu rauben versucht. Ja mein Wirtshaus wird sogar immer wieder von Verbrechern in Brand gesteckt. Aber von derartigen Gefahren werde ich nicht beunruhigt. Wenn ich in Gefahr komme, werde ich von vielen Freunden unterstützt.

30

1. a) donabitur (3. Pers. Sg. Fut. I Passiv) – b) promittemus (1. Pers. Pl. Fut. I Aktiv) – c) sentiet (3. Pers. Sg. Fut. I Aktiv) – d) perterreberis (2. Pers. Sg. Fut. I Passiv) – e) ridebo (1. Pers. Sg. Fut. I Aktiv) – f) pellimini (2. Pers. Pl. Präs. Passiv) – g) ich werde erlauben (1. Pers. Sg. Fut. I Aktiv) – h) er wird kritisiert (3. Pers. Sg. Präs. Passiv) – i) ihr werdet bleiben (2. Pers. Pl. Fut. I Aktiv) – j) sie werden geführt werden (3. Pers. Pl. Fut. I Passiv) – k) wir werden berührt werden (1. Pers. Pl. Fut. I Passiv) – l) du wirst erblickt werden (2. Pers. Sg. Fut. I Passiv)

2.

AKTIV	dicere	velle	confirmare	sentire
2. Pers. Sg. Fut. I	dices	voles	confirmabis	senties
3. Pers. Pl. Präs.	dicunt	volunt	confirmant	sentiunt
1. Pers. Pl. Perf.	diximus	voluimus	confirmavimus	sensimus
1. Pers. Sg. Imp.	dicebam	volebam	confirmabam	sentiebam

PASSIV	demittere	terrere	interrogare	capere
1. Pers. Sg. Präs.	demittor	terreor	interrogor	capior
2. Pers. Sg. Fut. I	demitteris	terreberis	interrogaberis	capieris
3. Pers. Sg. Imp.	demittebatur	terrebatur	interrogabatur	capiebatur
3. Pers. Pl. Fut. I	demittentur	terrebuntur	interrogabuntur	capientur

3. salve: Imperativ I von salvere / sei gegrüßt!
paene: Adv. / fast
verte: Imperativ I von vertere / wende!
esse: Infinitiv Präsens / sein
certe: Adv. / gewiss, sicherlich
prope: Adv. / nahe, in der Nähe; beinahe
voce: Abl. Sg. von vox / mit der Stimme
hodie: Adv. / heute
serve: Vok. von servus / oh Sklave!
neque: Konjunktion / und nicht, auch nicht, nicht einmal
utile: Nom. / Akk. Sg. von utilis / nützlich
ecce: Interjektion (Ausruf) / schau / schaut, sieh da / seht da!
saepe: Adv. / oft
nonne: Fragepartikel / etwa nicht? / denn nicht?
bene: Adv. / gut
ave: Vok. von avus / oh Großvater!
deinde: Adv. / dann, darauf
occulte: Adv. / heimlich
recte: Adv. / geradeaus, richtig, zu Recht
vale: Imperativ I von valere / Leb wohl! / Lebt wohl!

4. Gesucht werden eine Sklavin und ein Sklave, die wissen, dass sie ihren° Herren gehorchen müssen und die nicht zögern, harte Arbeit auf sich zu nehmen. Wir verlangen, dass von der Sklavin für die Familie und die Gastfreunde Speisen (zu)bereitet werden. Sie wird mit den Kindern spielen und den Großvater pflegen. Vom Sklaven werden nicht nur die Pferde in den Wald geführt werden, sondern auch die Äcker werden bewirtschaftet werden. Er muss für das Getreide sorgen (Es gehört sich, dass ...). Kommt zu unserem Landhaus! Wenn ihr gern arbeitet (arbeiten werdet), werdet ihr von uns bald freigelassen werden.

5. Unser Laden wird geschlossen werden! Wie werden verkaufen: Schmückstücke, die von euch oft ersehnt (vermisst) wurden, Gefäße, die niemals zerbrechen (zerbrochen werden) können, Wein, den ihr schon lange haben wollt, Götterbilder, durch die ihr sicher erfreut werdet.

6. Schon oft wurdet ihr durch den Lärm der Stadt beunruhigt. Schon lange wollt ihr Ruhe haben (ruhen). Hört meinen Rat: Wir werden ein Landhaus verkaufen, durch dessen Anblick alle erfreut werden. Ihr werdet ein Haus finden mitten in Wäldern und schönen Feldern. Ihr werdet froh sein und frei von Geschäften und Lärm, sobald ihr dorthin gekommen seid. Ihr werdet im Schatten eines Baumes sitzen und die Zweige betrachten, die von der Luft bewegt werden. Verlasst die alten Wohnblöcke und die engen Gassen Roms. Die Beschaffenheit des Ortes wird von euch gelobt werden. – Über den Preis kann verhandelt werden!

31

1. „Nichts", sagt er, „ist dieser Stadt, die ich zum ersten Mal betreten habe, ähnlich. Viele Denkmäler beweisen, dass Rom lange Zeit die Hauptstadt eines gewaltigen Herrschaftsgebiets war. Wie viele Statuen und Bilder wurden für die Nachkommen bewahrt! Alle, die sie sahen (erblickten), wissen, dass die Griechen die Römer viele Fertigkeiten gelehrt haben. Wie Römer sind wir mit Theater und Amphitheater unterhalten worden. Dort wurden einst Theaterstücke und Gladiatorenspiele betrachtet. Wir haben gehört, dass viele Menschen Gladiatoren geliebt haben. Aber ihr Leben war hart, weil sie mitten auf dem Kampfplatz manchmal verletzt, manchmal getötet wurden.

Die Stadt war, als sie von Kaisern beherrscht wurde, mit vielen Foren geschmückt, wo in schönen Tempeln Götter und Göttinnen verehrt wurden. Der Lehrer, der uns durch das Forum Romanum führte, erzählte über den Anfang Roms, der einen Stadt, von der alle Völker Italiens sowohl an Stärke (Kraft) als auch an Ruhm übertroffen worden sind."

2. ▪ wir gehorchen → wir gehorchten (parebamus) → wir hatten gehorcht (parueramus) → wir werden gehorchen (parebimus)
▪ ihr blickt zurück → ihr habt zurückgeblickt (respexistis) → ihr werdet zurückblicken (respicietis) → ihr hattet zurückgeblickt (respexeratis)
▪ er sammelt → er wird sammeln (colliget) → er hat gesammelt (collegit) → er sammelte (colligebat)
▪ ich werde eingeschlossen → ich bin eingeschlossen worden (clausus/a sum) → ich werde eingeschlossen werden (claudar) → ich wurde eingeschlossen (claudebar)
▪ sie werden gehört → sie werden gehört werden (audientur) → sie wurden gehört (audiebantur) → sie sind gehört worden (auditi/ae sunt)
▪ du wirst ermutigt → du wurdest ermutigt (confirmabaris) → du wirst ermutigt werden (confirmaberis) → du warst ermutigt worden (confirmatus/a eras)

3. a-Konj.: mutor, temptaris, dubitari, indicatum est – e-Konj.: pendet, possidebo, manebitis, retinuisse – i-Konj.: scies, audiemini, reperiunt – kons. Konj.: fecisti, capiet, frangebantur, effugimus

4. **a)** Scelerati a vobis capti sunt. – **b)** Condiciones malae laboris a servis non iam timeri debebant. – **c)** Senex ab amicis curatus est. – **d)** Vita vestra territus/a eram. – **e)** A patre tuo alebaris.

32

1. facit (er, sie, es macht) 3. Pers. Sg. Präs. Aktiv – volutus est (er ist gerollt worden) 3. Pers. Sg. Perf. Passiv – considet (er, sie, es wird sich setzen) 3. Pers. Sg. Fut. I Aktiv – comprehendetur (er, sie, es wird ergriffen werden) 3. Pers. Sg. Fut. I Passiv – mutabatur (er, sie, es wurde verändert) 3. Pers. Sg. Imp. Passiv – cepit (er, sie, es hat gefasst) 3. Pers. Sg. Perf. Aktiv

2.

vocare	tendere	invenire	perterrere	respicere
vocas	tendis	invenis	perterres	respicis
vocant	tendunt	inveniunt	perterrent	respiciunt
vocabit	tendet	inveniet	perterrebit	respiciet
voca	tende	inveni	perterre	respice
vocavit	tetendit	invenit	perterruit	respexit
vocari	tendi	inveniri	perterreri	respici
vocaris	tenderis	inveniris	perterreris	respiceris
vocabamini	tendebamini	inveniebamini	perterrebamini	respiciebamini
vocatus sum	tentus sum	inventus sum	perterritus sum	respectus sum

3. „Ich bin schon° viele Tage lang von der Heimat entfernt (abwesend), weil ich diesen Ort sehen wollte, wo Alba Longa, die Hauptstadt der Latiner, war. Ein alter Mann hat mir erzählt: ‚In alten Zeiten herrschte Amulius, ein harter und feindseliger Mann über Alba Longa, obwohl die Königsherrschaft dem Numitor, dessen Bruder, gegeben worden war. Dieser hatte auf Befehl des Amulius die Stadt verlassen.
Dann fasste der grausame König den Plan, Romulus und Remus, die Enkel des Numitor, zu töten. Deshalb wurden die zwei Jungen am Ufer des Tiber zurückgelassen. Denn Amulius glaubte, dass sie in den Wellen umkommen. Die Götter aber kamen den Brüdern zu Hilfe. Sie wurden von einer Wölfin gefunden und aus dem Fluss gerettet; diese sorgte für die Kinder und zog sie mit Nahrung groß. Nach kurzer Zeit waren die Brüder kräftige junge Männer, die die Übrigen oft an Tapferkeit übertrafen.'
Wie viele Münzen hast du gesammelt, die mit einer Wölfin geschmückt sind!
Nun kennst du sicher den Grund, mein Freund."

4. monuerat – monitus erat ▪ monere – moneri ▪ movisse – motum esse ▪ monebatis – monebamini ▪ moverant – moti erant ▪ moveo –

moveor ▪ movisti – motus es ▪ movebis – moveberis

5. **a)** Iam multa vobis de Pompeis narrata sunt. Euch ist schon viel über Pompeji erzählt worden. – **b)** Tum homines caelo atro perterriti sunt. Damals sind die Menschen durch einen düsteren Himmel sehr erschrocken worden. – **c)** Oppidum a multis brevi tempore relictum est. Bald darauf ist die Stadt von vielen verlassen worden. – **d)** Nonnulli autem velut captivi sub tectis clausi erant. Einige aber waren wie Gefangene unter den Häusern eingeschlossen. **e)** Villae nobiles flammis deletae sunt. Vornehme Häuser sind durch die Flammen zerstört worden.

33

1. In ganz Gallien, das von den Römern erobert wurde, gibt es nur ein einziges Dorf, das nicht aufhört, den Feinden Widerstand zu leisten. Das ist unser Dorf. Weil die Römer uns feindlich gesonnen sind, hoffen sie, dass sie uns, dadurch dass wir in diesem Dorf eingeschlossen sind, bald niederwerfen können. Aber durch deren Waffen werden wir nicht in Verwirrung gebracht.
   Denn uns helfen zwei Freunde. Der eine ist Miraculix. Dieser macht, immer wenn das Dorf Gefahren beunruhigen, mit Kräutern, die im Wald gesammelt wurden, heimlich einen Zaubertrank, den er den Galliern gibt. Auf diese Weise sind unsere Kräfte sehr (allzu) groß.
   Der andere, mein Freund, wird Obelix genannt. Dieser übertrifft, weil er als Junge in den Zaubertrank gefallen ist, die Übrigen an Leistung, obwohl er keine Waffen besitzt. Die vom starken (kräftigen) Obelix immer wieder verletzten Römer versuchen, immer wenn sie ihn erblicken, dem Kampf zu entkommen.
   Unser Dorf, das durch die Kraft des einen und durch die Kunst des anderen oft gerettet wurde, wird also von den Römern kaum zerstört werden.
   (Hier erzählt der Gallier Asterix.)

2. geliebt, verletzt, verurteilt, zerstört, besiegt, erfunden, erwartet
   a) die Grenzen des besiegten Herrschaftsgebiets (fines imperii superati) – **b)** die von Dädalus erfundene Kunst (ars a Daedalo inventa) – **c)** die Menschen der durch den Vesuv zerstörten Stadt (homines urbis/oppidi Vesuvio monte deletae /deleti) – **d)** die von den Kindern geliebte Mutter (mater a liberis amata) – **e)** der vom Senator verurteilte Dieb (fur a senatore damnatus)

3. **a)** Iuvenis a sceleratis laesus dolores vix sustinere potuit. (Der von Verbrechern verletzte junge Mann konnte die Schmerzen kaum ertragen.) – **b)** Comites iuvenis a sceleratis laesi effugerunt. (Die Begleiter des von Verbrechern verletzten jungen Mannes sind entkommen.) – **c)** Paulo post amici iuveni a sceleratis laeso auxilio venerunt. (Wenig später sind Freunde dem von Verbrechern verletzten jungen Mann zu Hilfe gekommen.) – **d)** Ii putabant iuvenem a sceleratis laesum ad medicum portari debere. (Diese glaubten, dass der von Verbrechern verletzte junge Mann zum Arzt gebracht werden muss.)

4. **a)** Durch das von den Griechen in die Stadt gebrachte hölzerne Pferd (Durch das hölzerne Pferd, das von den Griechen in die Stadt gebracht worden war), ist den Trojanern die Vernichtung bereitet worden. – **b)** Der durch den Lärm beunruhigte Äneas (Äneas, der durch den Lärm beunruhigt worden war), lief sofort auf die Straße. – **c)** Er hörte, dass die von Feinden weggeführten Frauen (die Frauen, die von Feinden weggeführt worden sind), weinen. – **d)** Die durch die Worte des Äneas ermahnten Freunde (Die Freunde, die durch die Worte des Äneas ermahnt worden waren), sind aus der Stadt weggegangen. – **e)** Äneas segelte mit seinem° Vater und seinem° Sohn von der von Griechen zerstörten Stadt (von der Stadt, die von den Griechen zerstört worden war), in eine neue Heimat.
   Sinnvoll ersetzt werden kann der Relativsatz durch einen Adverbialsatz (temporal oder kausal) in Satz 2–5.

34

1. **Sg.:** praeda rapta – praedae raptae – praedae raptae – praedam raptam – praeda rapta; **Pl.:** praedae raptae – praedarum raptarum – praedis raptis – praedas raptas – praedis raptis
   Sg.: frater ira commotus – fratris ira commoti – fratri ira commoto – fratrem ira commotum – fratre ira commoto; **Pl.:** fratres ira commoti – fratrum ira commotorum – fratribus ira commotis – fratres ira commotos – fratribus ira commotis
   Sg.: avis canens – avis canentis – avi canenti – avem canentem – ave canente; **Pl.:** aves canentes – avium canentium – avibus canentibus – aves canentes – avibus canentibus
   Sg.: adulescens salutans et vir salutatus – adulescentis salutantis et viri salutati – adulescen-

ti salutanti et viro salutato – adulescentem salutantem et virum salutatum – adulescente salutante et viro salutato; **Pl.:** adulescentes salutantes et viri salutati – adulescentium salutantium et virorum salutatorum – adulescentibus salutantibus et viris salutatis – adulescentes salutantes et viros salutatos – adulescentibus salutantibus et viris salutatis

2. **1.** die an der Hitze leidenden Kinder / die Kinder, die an der Hitze leiden – **2.** das Gesicht eines lachenden Mädchens / das Gesicht eines Mädchens, das lacht – **3.** dem die Hoffnung aufgebenden (ablegenden) Freund / dem Freund, der die Hoffnung aufgibt – **4.** die Stimme eines ein schönes Lied singenden Jungen / die Stimme eines Jungen, der ein schönes Lied singt – **5.** gegen die Krieg führenden Feinde / gegen die Feinde, die Krieg führen

3. **rapere** / rapiens / raptus – **decipere** / decipiens / deceptus – **damnare** / damnans / damnatus – **laedere** / laedens / laesus – **movere** / movens / motus – **respicere** / respiciens / respectus – **invenire** / inveniens / inventus – **interficere** / interficiens / interfectus – **volvere** / volvens / volutus – **mandare** / mandans / mandatus – **docere** / docens / doctus – **tollere** / tollens / sublatus

4. Die richtige Reihenfolge lautet **c)** → **b)** → **a)** → **d)**
a) Der Wolf fragte die Ziege: „Warum verlässt du nicht den hohen Platz und steigst in diese Gebiete herab, die dir eine große Menge Kräuter geben?" – **b)** Er konnte sie nicht packen (fassen). – **c)** Ein Wolf sah (erblickte) eine Ziege, die auf einem hohen Berg stand. – **d)** Die Ziege antwortete: „Ich will lieber einen sicheren Platz finden und nicht einen (Platz), der (mir) Angenehmes gibt."

5. **a)** Dieser ist, weil er seinem° Vater nicht gehorchte, ins Meer gefallen (→ Ikarus). – **b)** Dieser ist, nachdem er von allen gelobt worden ist, sogar dem König Minos zu Hilfe gekommen (→ Theseus). – **c)** Diesen quälte, nachdem er von Jupiter verurteilt worden war, ein Adler (→ Prometheus). – **d)** Diesem konnte, als er von Odysseus besiegt worden war, niemand helfen (→ Polyphem). – **e)** Dieser hat, dadurch dass er schöne Lieder sang, die Götter bewegt (→ Orpheus).

6. **a)** paene – ultro – aliter – <u>dum</u> – **b)** mitti – respici – <u>fudi</u> – affici – **c)** intra – <u>causa</u> – contra – inter – **d)** torqueris – audiris – <u>oneris</u> – moveris – **e)** Minotaurus – Bacchus – Dädalus – <u>Atheniensis</u>

7. Ein Fuchs sah (erblickte), als er durch den Wald eilte, einen Raben, der, während er auf einem Baum saß, gerade° vorhatte eine Frucht zu verschlingen. Sofort kam er herbei und grüßte den Vogel: „Guten Tag, Rabe! Gern betrachte ich dich, weil du alle an Kraft und Tüchtigkeit übertriffst. Die Tiere behaupten, dass du auch gut zu singen verstehst. Ich freilich habe deine schöne Stimme noch nicht gehört."
Der Rabe, der durch die List des Fuchses getäuscht seine Kunst zeigen wollte, öffnete den Schnabel und verlor die Frucht. Da lachte der Fuchs, der nun° die Beute verschlang: „Während der Dumme im Baum sang, fiel die Beute vom Baum."

W6

1. oro, dico, dici, dicite, diceris, dicuntur, dicent, movi, moveris, movent, moverunt, veni, venite, risi, riserunt

2. Einst raubte ein den Menschen feindlicher Tiger einen kleinen Jungen aus einem „Menschendorf" und brachte ihn in den Dschungel (führte ihn ... weg). Aber dem Jungen kam eine Wölfin zu Hilfe, die den Glücklichen an Stelle einer Mutter ernährte und schützte. Nachdem die übrigen Tiere des Waldes wegen des Jungen eine Beratung abgehalten hatten, beschlossen auch sie, dass er bei den Wölfen bleiben kann.
Viele Jahre lang lebte Mowgli mit den Wölfen; von seinen Freunden wurde er auf den Kampf gegen den Tiger vorbereitet. Er lernte sowohl die Sprache der Tiere als auch die Gesetze des Waldes. Er konnte Nahrung sammeln und sein° Leben schützen (bewahren). Schließlich hat er durch seine Eigenschaften, durch Tapferkeit und Geisteskraft, den wilden und schändlichen Tiger getötet. Später aber ging er aus dem Wald weg, weil er fühlte, dass er ein Mensch ist.

3. **a)** Gladiator virtute adversarii superatus fortunam suam flet. → Der Gladiator beklagt sein Schicksal, weil er durch die Tapferkeit des Gegners besiegt worden ist. – **b)** Urbs ab hostibus capta deleta est. → Die Stadt ist zerstört worden, nachdem sie von den Feinden erobert worden war. → **c)** Milites armis temptati necati non sunt. → Die Soldaten sind nicht getötet worden, obwohl sie mit Waffen angegriffen worden waren. – **d)** Gladiator virtute adversarii superatus est. Itaque fortunam suam flet. – **e)** Urbs ab hostibus capta est. Tum deleta est. – **f)** Milites armis temptati sunt. Tamen necati non sunt.